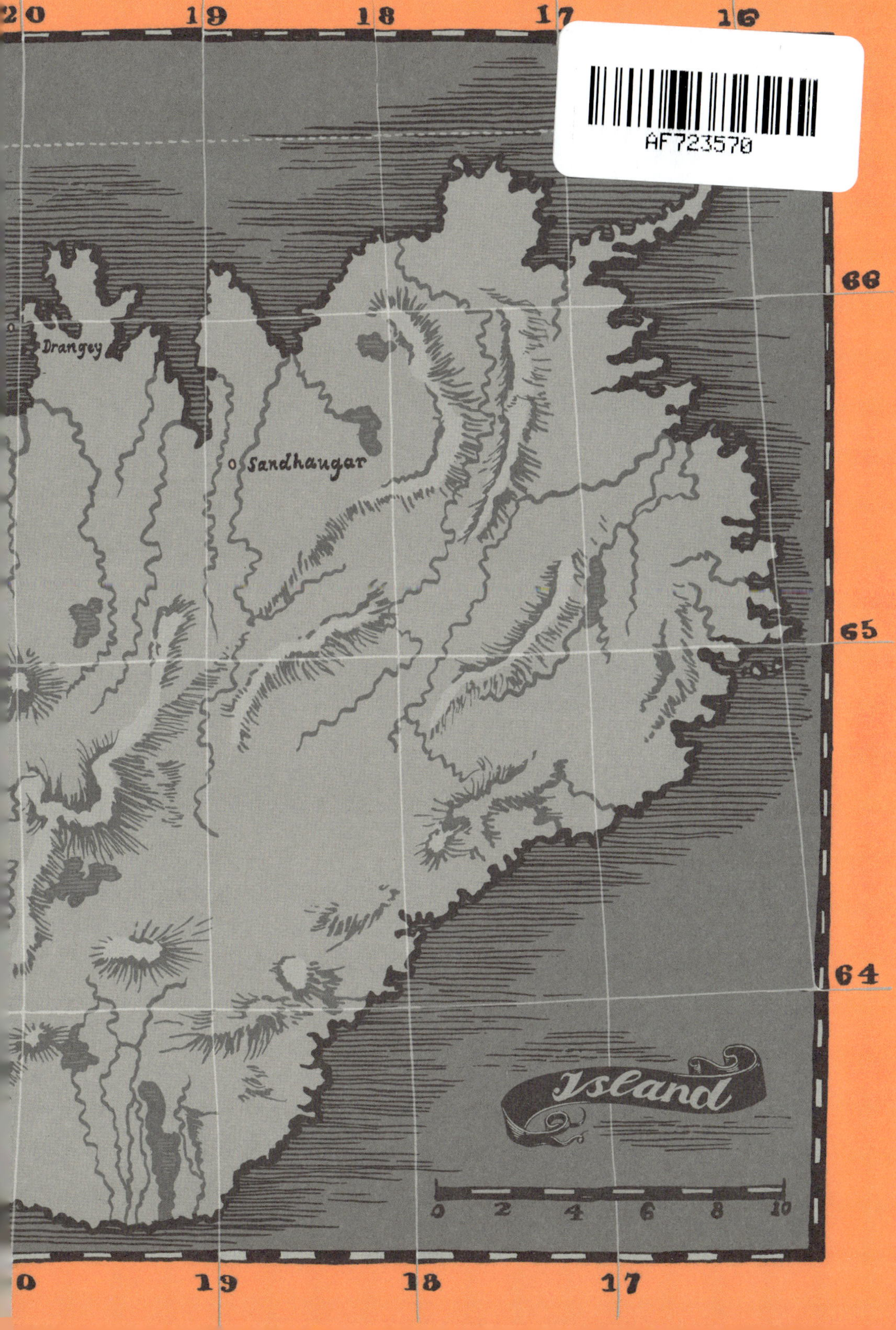

20
19
18
17
16
66
Drangey
Sandhaugar
65
64
Island
0
2
4
6
8
10
0
19
18
17

Der Mordbrand von Örnolfsdalur

und andere Isländer-Sagas

Der Mordbrand von Örnolfsdalur

und andere Isländer-Sagas

Nacherzählt von Tilman Spreckelsen
illustriert von Kat Menschik

Verlag Galiani Berlin

Inhalt

Der Dickkopf

oder Die Saga von Egil Skalla-Grimsson

Der gefleckten Katze ist alles egal. Statt Vögel zu jagen, räkelt sie sich in der Sonne und schaut nicht einmal auf, als die Jugendlichen an ihr vorbeischlendern, Harken und Gartenscheren in den Händen, Baseballkappen auf den Köpfen. Sie pflegen den mannshohen, grasbewachsenen Hügel und das Blumenbeet, das ihn umgibt. Skalla-Grim soll hier bestattet liegen, der erste Siedler dieser Gegend, und sein Enkel. Ein Stückchen weiter verbindet ein schmaler Steg die Landzunge, auf der die Siedlung Borgarnes liegt, mit einer Insel. Hier hat Skalla-Grim in einem Wutanfall die Kinderfrau seines Sohns ins Wasser gejagt und gesteinigt, bis sie unterging. Das ist tausend Jahre her. Am anderen Ende des kleinen Parks sitzt eine Familie beim Picknick an einem akkuraten Holztisch. Die Kinder essen manierlich, die Sonne scheint gerade richtig warm auf den gestutzten Rasen, die Welt gibt Ruhe. Und über allem ein Himmel aus Glas.

I Ein Holz treibt durch den Borgarfjord, von jeder Welle überspült und wieder freigegeben, birkenweiß im schiefergrauen Wasser. Eine Schiffsplanke, nein, ein rechteckiges Brett, nein, ein Deckel, eine Kiste. Grob behauen, aber verziert mit Runen, wie sie ein Zimmermannsmesser schnitzt, wenn sein Besitzer nicht viel Zeit hat. Die Strömung geht in den Fjord, die

Kiste kommt zur Nordseite der schmalen Bucht, hängt fest im flachen Wasser, reißt sich los und wird von einer letzten Welle ein ganzes Stück weitergetrieben. Dann stockt die Kiste, landet an mit einem Knirschen, das in der Stille weithin zu hören ist. Die Austernfischer horchen auf und die Goldregenpfeifer. Als die Ebbe einsetzt, läuft das letzte Wasser an den Seiten herunter, der Deckel trocknet in der Sonne.

Der Mann im Inneren regt sich nicht mehr. Zu Lebzeiten hat er nicht oft gelächelt. Jetzt sind seine Lippen gespannt, die Mundwinkel hochgezogen. Wenn sie ihn hier finden, in der neuen Welt, werden sie ihn auch hier begraben. Und auf dem Hügel über der Bucht einen Hof bauen, so wie er es auf dem Schiff angeordnet hatte.

II

Solange Grim denken konnte, hatte es seinen Bruder Thorolf gegeben: den schönen, klugen, gewandten Bruder, der mit allen gut auskam und dabei seinen Vorteil nicht vergaß. Kveld-Ulf, ihr Vater, beriet sich mit ihm in allen Fragen, und wenn noch sein alter Freund Berdlu-Kari dabeisaß, tranken Ulf und Kari aus einem Horn, erzählten von ihren Wikingerfahrten, machten das Flehen der Mönche nach oder das Quieken der Schweine, die in den Ställen verbrannten, wenn niemand daran gedacht hatte, die Tore zu öffnen. Thorolf lachte laut und konnte nicht genug von ihren Geschichten hören. Ulf und Kari, der Wolfsmann und der Berserker, hatten einst die dänische und englische Küste in Angst und Schrecken versetzt. Später hatte Ulf Karis Tochter Salbjörg geheiratet. Jetzt fuhr er nicht mehr zur See, sondern wirtschaftete auf seinen Höfen und wurde reich und mächtig. Thorolf

EGIL

aber ging mit Karis Söhnen Eyvind und Ölvir Hnufa ebenfalls auf Wikingerfahrt. Im ersten Jahr gab Ulf ihm dafür ein Langschiff. Im zweiten Jahr hatte Thorolf genug Beute gemacht, um selbst für Schiff und Mannschaft zu sorgen.

Norwegen, die Heimat von Ulf und Kari, war damals von Fürsten beherrscht, die jeder für sich eine Provinz regierten. Bis Harald Lufa damit begann, das Land Stück für Stück an sich zu bringen. Kari hatte sich ihm schon unterworfen, und König Harald schickte auch Boten zu Ulf, um ihn an seinen Hof zu laden. Er sei zu alt für große Reisen, erwiderte Ulf, und als die Boten nun Grim aufforderten, mit ihnen zu kommen und dem König zu dienen, sagte Grim, er folge keinem anderen Anführer als seinem Vater. Thorolf aber hörte davon, als er von seiner Wikingerfahrt zurückkehrte, und wollte sofort als Gefolgsmann zu Harald ziehen – es heißt, dort ließe sich leicht Ruhm und Reichtum erringen, sagte er zu Ulf, und es heißt außerdem, dass Harald seine Feinde unnachsichtig verfolge und noch jeden zur Strecke gebracht hätte. Du wirst tun, was du tun musst, sagte Ulf, aber ich ahne, dass dieser König unserer Familie schaden wird. Dann begleitete er Thorolf zu seinem Schiff, umarmte ihn zum Abschied und sagte, er hoffe darauf, ihn eines Tages gesund wiederzusehen.

III

Harald hieß Thorolf willkommen. Und Thorolf erneuerte bei Hof seine Freundschaft mit Kari und dessen Söhnen. Außerdem freundete er sich mit dem jungen Hoferben Bard an, der ebenfalls zu Haralds Gefolge zählte. Bard hatte gerade Sigrid geheiratet, die Tochter eines wohlhabenden Bauern, und als er kurz darauf in einer Schlacht gegen Haralds Rivalen starb, wurde Thorolf ihr zweiter Mann und erbte nicht nur Bards Vermögen, sondern wenig später auch das, was Sigrids Vater seiner Tochter hinterließ. Thorolf war jetzt reich, das weckte den Argwohn König Haralds. Als Thorolf einmal ein dreitägiges Fest für Harald veranstaltete und dabei ein größeres Gefolge um sich scharte als sein Herr, hockte der so wütend auf seinem Hochsitz und schwieg so verbissen, dass es am Ende auch Thorolf auffiel. Wollen wir nicht einen Spaziergang zum Strand machen, fragte er Harald, ich möchte dir etwas zeigen. Sie ließen die Männer in der Halle, die Thorolf für das Fest hatte errichten lassen, und gingen miteinander bis zum Landeplatz, wo ein ganz neues, schön geschmücktes Drachenboot lag. Dieses Schiff gehört dir, sagte Thorolf, ich habe es für dich bauen lassen, um dich zu ehren, und deshalb auch so viele Männer zum Fest eingeladen. Bitte nimm es an. Es ist gut, Thorolf, sagte Harald, und in den nächsten Wochen durfte niemand in seiner Gegenwart ein böses Wort über Thorolf verlieren.

Als die Wochen vorbei waren, hörte der König wieder auf Thorolfs Feinde. Sie berichteten ihm, dass Thorolf einen Anschlag auf ihn geplant hätte, der nur aufgrund glücklicher Umstände nicht ausgeführt worden sei. Dass Thorolf ihn um Steuern betrüge und das Beste für sich behielte. Und dass er seine Aufgabe, den Handel mit den Völkern im Nordosten des Reiches durchzuführen, nur sehr nachlässig angehe.

Thorolfs Freunde hielten dagegen, aber am Ende wollte Harald nichts mehr von ihnen hören. Er lud Thorolf zu sich nach Trondheim und nahm ihm die Ämter, die er ihm gegeben hatte. Und schließlich befahl er zwei Männern aus seiner Verwandtschaft sogar, eines von Thorolfs Schiffen zu kapern und zu ihm zu bringen. So geschah es. Als Thorolf von dem Raub hörte, sagte er nur, es sei ja nicht schlecht, wenn man etwas gemeinsam mit dem König besitze. Da verkaufte oder belieh er einen Teil seiner Höfe und Wiesen, um die große Schar seiner Gefolgsleute weiter zu unterhalten.

Dann zog er mit seinen Männern auf Wikingerfahrt, raubte einen Hof aus, der dem König gehörte, und rächte sich danach an den Männern, die sein Schiff gestohlen hatten. Als er wieder in den Norden steuerte, besuchte er auch seinen Vater Kveld-Ulf. Sie saßen beisammen, und Ulf versorgte ihn und seine Männer gut.

Du hast jetzt also mit dem König gebrochen, sagte er. Ja, sagte Thorolf, wir wollen sehen, was er mir und meinen Männern entgegenzusetzen hat. Ich fürchte, dass du dich irrst, sagte Kveld-Ulf, und dass wir uns heute zum letzten Mal sehen. Es ist nicht recht, wenn der Sohn vor dem Vater stirbt, aber so, glaube ich, wird es kommen.

Thorolf schwieg. Und als er wieder in den Norden auf seinen Hof Sandnes gekommen war, versammelte er dort viele Männer und Vorräte um sich. Er ließ auch ein Schiff für eine weite Fahrt ausrüsten. Schließlich war alles fertig, nur das Bier für die Reise fehlte noch. Die Abfahrt verzögerte sich weiter, weil Thorolf und seine Männer einen Teil des frisch gebrauten Biers in der großen Halle von Sandnes tranken und neues beschafft werden musste. Auch die Wachen saßen dabei. Und während sie feierten, landete König Haralds Flotte.

IV

Die Krieger des Königs stiegen aus den Booten. Sie nahmen ihre Waffen und umzingelten den Hof. Als sie den Ring geschlossen hatten, machten sie Lärm. Thorolfs

Leute sprangen auf, zogen ihre Schwerter und griffen zu Äxten und Spießen. Dann hörten sie Haralds Stimme: Frauen, Kinder, Greise und Sklaven sollen das Haus verlassen, rief er. Nach einer Weile kamen sie durch die Tür ins Freie, an ihrer Spitze Thorolfs Frau Sigrid. Sind Eyvind und Ölvir Hnufa hier, rief sie laut, Karis Söhne, mit denen mein Mann auf Wikingerfahrt gewesen ist? Denen er vor der dänischen Küste im Sturm das Leben gerettet hat und deren Wunden er versorgte, als die Leute aus Friesland ihr Hab und Gut nicht freiwillig hergeben wollten? Eyvind und Ölvir Hnufa traten vor. Sigrid kam zu ihnen und sagte mit leiser Stimme: Ist mit Harald zu reden? Du kannst es versuchen, sagte Ölvir Hnufa, aber hoffe nicht zu viel. Die Brüder begleiteten Sigrid zum König, während seine Krieger immer noch den Hof bewachten, so dass niemand ohne Haralds Erlaubnis hinauskonnte, und innen Thorolf seine Leute zum Essen aufforderte: Greift zu, sagte er, oder wollt ihr, dass Harald sich mit unserem Braten und unserem Bier vollstopft?

Aller Augen ruhten auf Sigrid.

Herr, sagte sie, wenn es noch möglich ist, den Kampf abzuwenden, dann sage mir, um welchen Preis das geschehen kann. Ich will das Leben deines Mannes verschonen, sagte Harald, aber seine Leute werden ihrer Strafe nicht entkommen. Ölvir Hnufa soll ihm das sagen.

Als Thorolf das hörte, wurde er zornig. Wenn der König ein Mann ist, sagte er Ölvir Hnufa, dann gibt er uns den Weg frei und stellt sich in offener Schlacht.

Thorolf schlägt dein Angebot aus, Herr, sagte Ölvir Hnufa, als er wieder vor Harald stand.

Legt Feuer, befahl der König.

Thorolf brach ein Loch in die Wand und sprang ins Freie.

Seine Krieger folgten ihm, und sie mussten sich vor der Übermacht ihrer Gegner nicht verstecken. Dann aber brachen die Wände unter den Flammen zusammen, so dass die Feinde sie von allen Seiten angreifen konnten. Thorolf sah das Zeichen des Königs am einen Ende des Kampfplatzes. Er erschlug alle, die sich ihm in den Weg stellten, und durchbohrte mit seinem Speer einen Mann, der direkt vor Harald stand. Das waren drei Schritte zu wenig, sagte Thorolf, als die engsten Vertrauten des Königs auf ihn einschlugen, bis er aus vielen Wunden blutete und sich nicht mehr rühren konnte. Dieser Schritt passt genau, sagte Harald, als er zu ihm trat und ihn erschlug.

Damit war der Kampf zu Ende. Bringt euren Freund und Lebensretter unter die Erde, sagte Harald zu Eyvind und Ölvir Hnufa, und die anderen auch. Dann befahl er, dass niemand es wagen sollte, Thorolfs Besitz zu plündern. Denn jetzt, sagte Harald und zeigte mit dem Arm über die Insel, jetzt gehört das alles hier dem König. Sein Blick fiel auf Sigrid, die nun zum zweiten Mal Witwe geworden war. Alles, sagte er, alles.

V

Als Kveld-Ulf von Thorolfs Ende erfuhr, trauerte er lange um seinen ältesten Sohn und verfluchte Harald für seinen Feldzug. Grim, sein Zweitgeborener, der schon mit 25 Jahren kahl geworden war und Skalla-Grim, »Glatzen-Grim«, genannt wurde, hatte inzwischen geheiratet und verwaltete Kveld-Ulfs Besitz, weil sein Vater dafür nun zu alt war. Wir werden Thorolfs Tod rächen, sagte Skalla-Grim, aber Kveld-Ulf schwieg dazu. Es gibt viele, die mit Harald unzufrieden sind, sagte Skalla-Grim. Wenn wir alle zusammenbringen, die eine Rechnung mit ihm offen haben, können wir ihn aus dem Land jagen. Du redest, wie du es verstehst, sagte Kveld-Ulf. Die Norweger sind dieses Königs überdrüssig, sagte Skalla-Grim. Darauf kommt es nicht an, antwortete Kveld-Ulf.

In diesem Moment meldete der Wächter, dass Besuch gekommen war. Vor Ulfs Tür stand Ölvir Hnufa, der Sohn seines alten Waffengefährten Kari und einst Thorolfs Freund. Was bringst du aus Trondheim, fragte Kveld-Ulf. Dem König liegt nicht an Streit mit dir, sagte Ölvir Hnufa, er sucht nach einem Weg, dass ihr euch versöhnt. Schön, sagte Ulf, und wie will er mir meinen Sohn wieder lebendig machen? Du solltest Grim zu ihm schicken, sagte Ölvir Hnufa, mag sein, dass Harald ihn vor allen anderen begünstigt und Buße für Thorolf leistet. Ich will nicht, sagte Grim. Versucht es, sagte Ölvir Hnufa. Ihr werdet in Norwegen nicht mehr leben können, wenn etwas zwischen euch und Harald steht. Ich bin nicht so wortgewandt wie du, Ölvir Hnufa, sagte Grim, er wird nicht auf mich hören. Ich werde vorher mit dem König reden, sagte Ölvir Hnufa, aber dass du dich vor ihm blicken lässt, kann ich dir nicht abnehmen.

Am nächsten Tag wählte Skalla-Grim elf starke Männer aus, die er seit Langem kannte. Sie reisten zum Fjord, an dessen Ufer der König mit seinem Gefolge lagerte. Harald wartete in einer großen Halle auf Grim. Fünf von euch kommen mit mir, sagte Grim zu seinen Männern. Die anderen bewachen unsere Waffen, denn die sollten wir vor Harald nicht tragen. Und haltet euch bereit, sofort aufzubrechen, wenn es nötig wird.

Als Grim mit seinen Freunden die Halle betrat, wollte sich ihnen keiner der Männer des Königs in den Weg stellen. Als sie vor seinem Hochsitz anhielten, trat Ölvir Hnufa dazu. Harald schaute jedem von ihnen ins Gesicht. König, sagte Ölvir Hnufa, Grim ist gekommen, damit ihr euch vergleicht. Und es scheint, dass so ein starker und vornehmer Krieger dir eher als Gefolgsmann nutzen sollte, als dass du mit ihm im Streit lebst.

Du da, sagte Harald und zeigte auf Grim, musst Kveld-Ulfs Sohn sein. Deinem Bruder siehst du ja nicht gerade ähnlich. Aber groß und kräftig bist du. Ich hoffe nur, dass du mir besser dienst als er, der meine Gaben empfangen hat, ohne sie mir zu lohnen.

Thorolf war in allem besser als ich, König, sagte Grim, ich glaube nicht, dass ich mich mit seiner Ergebenheit für dich messen kann.

In der Halle war es totenstill.

Ihr geht jetzt besser, sagte Ölvir Hnufa zu Grim. Langsam schritten die sechs Männer nach draußen. Dann liefen sie, so schnell sie konnten, zu ihren Gefährten, sprangen ins Boot und ruderten davon.

Harald schwieg noch immer. Bringt ihn um, sagte er dann, und nun drängten seine Männer durch die mit Stoffbahnen verhangene Tür. Aber Ölvir Hnufa hatte unterdessen in jedes der königlichen Boote ein Loch hacken lassen, und bis alles geflickt war, hatte Grims Boot das offene Meer erreicht.

VI

Kveld-Ulf und Grim rüsteten Schiffe aus, groß genug, ihren Besitz in sich aufzunehmen, soweit sie ihn nicht an ihre Nachbarn verkaufen konnten. Nur für ihr Land wollte ihnen niemand etwas geben, denn keiner vertraute darauf, dass Harald es dem Käufer lassen würde. Kveld-Ulf und Grim wollten nach Island gehen, denn dort, so hieß es, wartete fruchtbarer Boden auf den, der ihn bestellen wollte. Aber bevor sie Norwegen verließen, rächten sie sich noch an den Freunden und

Verwandten des Königs. Bei ihrem letzten Überfall geriet Kveld-Ulf in Berserkerwut: Er biss in seinen Schild und schlug alles nieder, was nicht vor ihm floh und ins Wasser sprang. Nach dem Kampf war er so erschöpft, dass er sich nicht mehr rühren konnte, und schlief auf den Planken des Schiffs ein, das sie dem König in der Seeschlacht abgenommen hatten. Skalla-Grim segelte auf dem anderen.

Als Kveld-Ulf aufwachte, ging es ihm nicht viel besser. Da wusste er, dass er sterben würde. Es scheint, sagte er, dass ich in einem engeren Schiff nach Island kommen werde als gedacht. Wenn ich tot bin, werft meinen Sarg über Bord, und wo er an Land treibt, soll Grim seinen Hof bauen. Es ist gut, wenn ich ihm ein bisschen auf die Finger schaue.

Als er starb, hatten sie gerade den Borgarfjord erreicht.

VII Grim ließ sich an der Nordseite des Fjords nieder und erbaute in der Wildnis außer dem prächtigen Hof Borg noch eine Schmiede auf der Landzunge Raufarnes, ein Stückchen näher am Ausgang der Bucht. Er konnte keinen Amboss finden, der fest genug für seine Hammerschläge war, bis er einen geeigneten auf dem Grund des Fjordes liegen sah, groß und hart und glatt geschliffen vom Wasser. Grim tauchte nach ihm, brachte ihn an Land und schleppte ihn bis zur Schmiede.

Sein Vieh vermehrte sich und wurde stark und fett, weil es das ganze Jahr über draußen bleiben durfte. Grims Männer sammelten Treibholz am Fjordufer und auf den Inseln und errichteten überall Höfe. Sie schlachteten Wale, bebauten das Land, fingen Fische und Vögel und zäunten Weiden ein. Wenn andere Siedler aus Norwegen kamen, weil sie unter König Harald um ihr Leben, ihren Besitz und ihre Freiheit fürchteten, nahm Grim sie auf, gab ihnen von seinem Land und half ihnen in der ersten Zeit mit Lebensmitteln und Holz. Eines Tages kam auch Yngvar, sein Schwiegervater, der Haralds Rache fürchten musste und lieber ging, als die Männer des Königs zu empfangen und ihnen seine Habe auszuhändigen. Auch ihn siedelte Grim ganz in seiner Nähe an, auf Alptanes am offenen Meer. Wenn Skalla-Grim nun auf den Hügel hinter seinem Hof stieg und sich einmal um sich selbst drehte, sah er, so weit das Auge reichte, nur eigenes Land oder das von Menschen, die ihm ihr Land verdankten. Er soll nur kommen, hatte er in den ersten Jahren gedacht, er soll nur kommen, wenn er sich traut. Später waren dann die Gedanken an Harald so fern wie der König selbst.

Skalla-Grim wurde Vater: Seinen ersten Sohn nannte er Thorolf, die beiden Töchter Saeun und Thorun. Es waren schöne Kinder. Von Thorolf hieß es, er sei seinem verstorbenen Onkel ähnlich, und seinen Schwestern fehlte es nicht an Verehrern. Das nächste Kind war wieder ein Junge, der Egil genannt wurde. Sein Kopf war über die Maßen dick und seltsam anzuschauen. Die groben Gesichtszüge, die breite Stirn, die wulstigen Augenbrauen und die Stulpnase gaben ihm das Aussehen eines Trolls, und als sich herausstellte, dass er viel schneller wuchs als jedes andere Kind und vor der Zeit sprach und mit den Hausgenossen stritt, da glaubten einige an einen Wechselbalg und flüsterten, man dürfe Egil nicht züchtigen, weil Grims eigentliches Kind jeden Schlag und jedes böse Wort in der Anderswelt bei den Trollen doppelt und dreifach entgelten müsse. Die Alten aber, die schon auf Kveld-Ulfs Hof in Norwegen gedient hatten, lachten nur, wenn sie diese Reden hörten, und meinten, wenn Egil ein Wechselbalg sei, dann sei Skalla-Grim auch einer, schließlich sei sein Jüngster ihm wie aus dem Gesicht geschnitten.

Als Egil drei Jahre alt war, erschien sein Großvater Yngvar auf Borg, um seine Verwandten zu einem Fest zu laden. Skalla-Grim brach mit seiner Frau Bera und den drei ältesten Kindern auf, den kleinen Egil ließen sie zuhause, obwohl er dagegen protestierte. Als sie fortgeritten waren, wählte sich Egil ein friedliches Pferd aus, setzte sich darauf und folgte den Spuren seines Vaters zum Meer. Schließlich kam er in der Nacht auf Alptanes an. Die Feier war im vollen Gange, und der späte Gast wurde mit großem Hallo empfangen. Du bist ein Enkel nach meinem Geschmack, brüllte Yngvar, komm, setz dich neben mich. Auf der anderen Scitc der Tafel waren Skalla-Grim und Thorolf, und als es immer später wurde, immer mehr Bier ausgeschenkt wurde und die Männer anfingen, Stegreifdichtungen aufzusagen, kam die Reihe auch an Egil. Seine Verse, in denen er die Freigebigkeit seines Großvaters ebenso pries wie sein eigenes Dichtertalent, gefielen Yngvar so gut, dass er Egil am nächsten Morgen drei Seeschnecken und ein Entenei schenkte.

VIII Unter den Reisenden, die aus Norwegen kamen und Zuflucht auf Island bei Skalla-Grim suchten, war eines Tages auch der junge Björn Brynjolfsson mit seiner Freundin Thora. Er hatte sie mit ihrer Zustimmung, aber ohne die ihres Bruders mit sich genommen. Auf Borg freundete er sich mit Thorolf an und gewann dadurch auch die Unterstützung Skalla-Grims bei der Aussöhnung mit Thoras Familie. Björns kleine Tochter Asgerd aber blieb bei Skalla-Grim und wuchs dort als Pflegekind auf. Als Björn und Thora zurück nach Norwegen fuhren, um den Vergleich mit Thoras Bruder Thorir Hroaldsson zu besiegeln, kam Thorolf Skalla-Grimsson mit ihnen.

König Haralds Lieblingssohn Eirik wuchs als Pflegekind bei Thorir Hroaldsson auf. Björn und Thorolf besuchten Thorir, der sie freundlich empfing. Auch Eirik freundete sich mit ihnen an, seit dem Tag, an dem ihm Thorolf ein schönes Schiff schenkte und Eirik ihm versprach, immer an seiner Seite zu stehen, falls er jemals alt und mächtig genug würde, um sein Versprechen einzulösen. Vielleicht kannst du mir jetzt schon helfen, dass der König seinen Groll gegen unsere Familie überwindet, sagte Thorolf, und Eirik versprach, zu tun, was in seiner Macht stehe. Thorir und Eirik fuhren nun zu König Harald und baten ihn, Thorolf zu empfangen, um ihrer beider Freundschaft willen. Harald mochte davon nichts hören. Ich werde Skalla-Grims Sohn in Ruhe lassen, solange er in Norwegen ist, sagte er, aber er soll mir nicht unter die Augen kommen.

Thorolf und Eirik waren enge Freunde. Eirik nahm damals die kluge und schöne Gunnhild zur Frau, und Thorolf war oft bei ihnen zu Gast. Erzähl mir von Island, sagte Gunnhild. Ist es wahr, dass die Vögel dort von selbst in die Fallen fliegen, die Fische ins Netz springen und die Bären vor eure Speere laufen? Dass sich jeder Norweger, der will, auf eurer Rieseninsel einen Hof bauen kann mit einer eigenen heißen Quelle, die auch im tiefsten Frost fließt? Ist es wahr, Gunnhild, sagte Thorolf, dass du zaubern kannst? Dass du dich nachts in einen Vogel verwandelst, der so süß singt, dass jeder seinen Kopf darüber verliert und sich in einem Netz verfängt, so zart und fest, dass es daraus kein Entkommen gibt? Gunnhild schwieg, und Thorolf schwieg mit ihr.

Bald darauf rüstete Thorolf sein Schiff für die Rückfahrt nach Island. Eirik gab ihm ein Geschenk für Skalla-Grim mit: eine kostbare Axt, mit Gold und Silber verziert. Thorolf hatte in Norwegen ein Vermögen gewonnen. Skalla-Grim empfing ihn mit offenen Armen. Als aber Thorolf stolz Eiriks Axt hervorzog, um sie seinem Vater zu übergeben, nahm der sie ohne ein Wort entgegen und hängte sie an einen Nagel in der Wand. Erst im Herbst nahm er sie wieder hervor. Seine Hirten trieben eine Schar Ochsen zum Schlachten nach Borg. Skalla-Grim suchte einen harten Steinblock, über den zwei der Tiere nebeneinander ihre Köpfe legten, und rief Thorolf herbei. Dann schwang er die Axt und trennte die beiden Ochsenhäupter ab. Die Axt verbog sich auf dem Stein und wurde schartig, die Klinge lockerte sich im Schaft. Das passt zu deinem Herrn, sagte Skalla-Grim zu Thorolf und warf die Axt in die Nische über dem Türbalken.

Inzwischen war Egil sieben Jahre alt geworden, aber viel stärker als die Kinder in seinem Alter. Eines Tages nahm ihn sein bester Freund Thord Granason mit zum Ballspiel. Zwei Mannschaften standen sich gegenüber, und Egil spielte gegen den elfjährigen Grim Heggsson. Der schlug den Ball viel weiter als Egil, zeigte mit dem Finger auf ihn und lachte ihn aus. Egil aber hob sein Schlagholz und zog es Grim über den Kopf, dass Blut hervorschoss, und dafür prügelte ihn Grim ordentlich durch. Egil lief davon zu Thord, und der versprach ihm seine Hilfe bei der Rache. Er lieh Egil seine Axt, und Egil ging zu Grim und hieb ihm die Axt in den Kopf. Als Grims Freunde das sahen, wollten sie Egil dasselbe antun, was er mit Grim gemacht hatte, aber die Leute von Borg bildeten einen Kreis um den Jungen und beschützten ihn. In den nächsten Tagen kamen im Streit

BORG

zwischen Skalla-Grims und Heggs Leuten sieben Männer ums Leben.

Fünf Jahre später war Egil so groß und stark wie ein Erwachsener geworden. Einmal spielte er gemeinsam mit seinem Freund Thord gegen seinen Vater Skalla-Grim. Der wurde im Verlauf des Tags immer müder, als aber die Sonne untergegangen war, kam plötzlich die Kraft zurück und mit ihr die Wut darüber, dass ihn die Knaben so forderten. Er griff sich Thord und warf ihn heftig auf den gefrorenen Boden, dass ihm das Genick brach, und als das geschehen war, wollte er dasselbe mit seinem Sohn tun. Egil rannte davon, und als sich Egils Amme Thorgerd dem blindwütigen Skalla-Grim in den Weg stellte, wollte er auch sie beiseitefegen. Thorgerd floh bis zur Spitze der Halbinsel Digranes und sprang ins Wasser. Skalla-Grim sah sie davonschwimmen und warf ihr einen Felsbrocken hinterher, der sie zwischen den Schultern traf. Sie versank im Borgarfjord und tauchte nicht wieder auf.

Daraufhin beruhigte sich Skalla-Grim, Egil aber raste vor Wut. Er ging zurück nach Borg, wo alle schon beim Abendessen saßen, ging in die Küche und griff sich einen eisernen Topf. Den hieb er Skalla-Grims Verwalter unvermittelt über den Kopf, dass der sich nicht mehr rührte. Egil ging in die Halle und setzte sich an seinen Platz. Skalla-Grim beließ es dabei.

IX Als Thorolf Skalla-Grimsson wieder nach Norwegen fahren wollte, forderte Egil, dass er mitreisen dürfe. Was soll ich mit dir, sagte Thorolf, du stiftest nur Streit, wohin immer du kommst. Auf meinem Schiff ist kein Platz für dich, schon gar nicht, wenn ich ins Ausland fahre. Wir wollen sehen, ob du wirklich ins Ausland fährst, sagte Egil, und als in der folgenden Nacht ein Sturm aufkam, löste Egil das Tau, mit dem Thorolfs Schiff befestigt war. Erst einige Tage darauf fand Thorolf es wieder, weil es ein ganzes Stück Weges den Borgarfjord hinabgetrieben war.

Versprichst du mir, sagte Thorolf schließlich zu Egil, dass du alles tust, was ich befehle? Dass du schweigst, wenn ich will, dass du schweigst? Dass du deine Rauflust im Zaum hältst? Egil murmelte, dass er das durchaus tun könne, und Thorolf nahm ihn am Ende mit. Außer ihm war noch Asgerd an Bord, die Tochter von Björn und Thora, Skalla-Grims Pflegekind.

Auch Eiriks verzierte Axt hatten sie an Bord, Skalla-Grim wollte sie nicht mehr auf Borg haben. Thorolf warf sie ins Wasser. Es scheint, dass niemand je nach ihr getaucht hat.

X Die Überfahrt war leicht und schnell, und Egil tat, was man von ihm verlangte. In Norwegen steuerte Thorolf als Erstes den Hof von Björn an und brachte ihm seine Tochter Asgerd. Danach besuchte er Eirik, seinen Freund, und sagte ihm, Skalla-Grim hätte sich sehr über die kostbare Axt gefreut. Dies hier – Thorolf ließ seine Männer ein prächtiges Segel bringen und vor Eirik ausbreiten –, dies hier ist ein Geschenk meines dankbaren Vaters. Das ist recht, sagte Eirik, und wenn du den Winter über bei mir bleiben willst, sollst du mir willkommen sein. Thorolf warf einen Blick auf Egil und meinte dann, dass er noch dringende Geschäfte mit Thorir abzumachen hätte. Grüß meinen Ziehvater, sagte Eirik, und komm wieder, wenn du deine Angelegenheiten geordnet hast.

Als sie auf Thorirs Hof angekommen waren, warnte Thorolf

seinen Freund, der ihn einlud, so lange zu bleiben wie er wolle. Ich habe meinen Bruder Egil dabei, auf den ich aufpassen muss, sagte Thorolf, er ist das erste Mal fern von Island und braucht ein wachsames Auge. Wenn er so kämpft wie du, passt er zu uns, sagte Thorir, er soll ruhig bleiben.

Thorolf ließ nun sein Schiff an Land ziehen und entladen. Egil aber freundete sich mit Arinbjörn an, Thorirs Sohn, und ließ seinen Bruder in Ruhe. Dem war das recht. Er hatte sich in Asgerd verliebt und fragte bei ihrem Onkel Thorir und ihrem Vater Björn an, ob sie mit der Hochzeit einverstanden wären. Beide sagten ja, und so fuhr Thorolf eines Tages mit seinem Langschiff zu Björn, um Hochzeit zu feiern. Thorir und seine Leute begleiteten ihn. Nur Egil blieb zuhause, weil er krank geworden war.

XI

Kaum war Thorolfs Schiff hinter einer Biegung des Fjords verschwunden, da war Egil schon wieder gesund. In den nächsten Tagen ging er auf die Jagd oder fischen, aber bald langweilte er sich sehr und überlegte, wohin er gehen könnte, um etwas zu erleben. Als er hörte, dass Ölvir, Thorirs Verwalter, eine Fahrt zu einem entfernt lebenden Pächter unternehmen wollte, um ausstehende Abgaben einzutreiben, bat er so lange, bis Ölvir ihn mitnahm. Ihr Boot geriet in einen heftigen Sturm, und sie landeten mit knapper Not auf der Insel Atley, wo ein Mann namens Bard einen Hof bewirtschaftete, der Eirik gehörte.

Bard brachte Ölvir und seine Leute in ein abgelegenes Haus und tischte ihnen Brot und Skyr auf, einen Molketrunk. Wie gerne würde ich euch etwas Besseres bringen, sagte er, aber wir haben nicht mit eurem Besuch gerechnet und daher einfach nichts im Haus. Thorirs Männer nahmen dankbar an, was er ihnen bot.

Am selben Abend war ein zweites Boot auf Atley gelandet. An Bord waren Eirik und sein Gefolge, dem Bard ein reiches Gastmahl vorbereitet hatte. In der großen Halle seines Hofes brannte ein Feuer, auf dem Ochsen gebraten wurden, Fässer mit Bier wurden hereingerollt, und überall standen Diener bereit, die den Gästen die besten Bissen brachten. Nur der Hausherr fehlte.

Wo ist Bard? fragte Eirik. Er kümmert sich um eine Schar hungriger Schiffsleute, sagte man ihm, Thorirs Männer, die gerade in der Scheune am Ende der Insel versorgt werden. Thorirs Leute sollen mit uns feiern, sagte Eirik, aber nur die Vornehmsten. Ein Bote wurde ausgeschickt, um Ölvir und Egil in die große Halle von Atley zu holen.

Eirik hieß Ölvir neben ihm zu sitzen, und auf Ölvirs anderer Seite saß Egil. Der trank und trank: das Bier, das für ihn bestimmt war, und auch das für Ölvir. Du hast aber Durst, junger Mann, sagte Bard, als er ihm das Trinkhorn wieder füllte. Egil antwortete ihm mit einem Stegreifgedicht, in dem er ihn dafür beschimpfte, dass er ihm zuerst die Biervorräte vorenthalten hätte. Jetzt, hieß es in dem Gedicht, hole Egil das Versäumte eben umso schneller auf.

Das geht so nicht weiter, sagte Bard leise zu Gunnhild. Siehst du, Herrin, da drüben, der große Mann mit dem unförmigen Kopf? Was ist mit ihm? fragte Gunnhild. Er krakeelt, seit er hier bei uns ist, und beleidigt geladene Gäste, sagte Bard. Mir scheint auch, er hat längst mehr als genug getrunken, aber er verlangt immer noch mehr.

Wenn er dies trinkt, sagte Gunnhild, wird er damit aufhören. Sie gab Bard ein Trinkhorn, über dem sie seltsame Sprüche gemurmelt hatte. Bard reichte es einer Magd, und die gab es Egil. Der aber stieß sich sein Messer in den Arm und ließ ein paar Blutstropfen in das Horn fallen. Das Horn zersprang. Mir scheint, sagte Egil, dass jemand mich kalt und starr auf dem Boden sehen möchte. Ölvir wurde übel, und Egil brachte ihn aus der Halle. Bard kam ihnen nachgerannt und fragte, ob denn keiner von ihnen noch einen Abschiedsschluck trinken wolle. Egil zog sein Schwert und rammte es Bard in die Brust. Als Ölvir das sah, wurde ihm endgültig schlecht, und als er sich übergeben hatte, fiel er ohnmächtig neben Bards Leichnam zu Boden. Egil floh zu seinen Leuten, die immer noch in der anderen Halle saßen und Skyr tranken. Er nahm seine Waffen und rannte wieder hinaus, um sich draußen zu verstecken. Er zog seine Kleider aus und nahm sie, zusammen mit den Waffen, als Bündel auf den Kopf, dann schwamm er durch die Dunkelheit zur kleinen, unbewohnten Insel Saudey, wo er sich in den Büschen versteckte.

Eirik wurde sehr zornig, als man ihm von dem Mord an Bard berichtete. Er befahl, ganz Atley nach dem fremden gewalttätigen Mann zu durchkämmen und ihn gefesselt vor seinen Thron zu bringen. Seine Leute aber konnten ihn nicht entdecken, und als ein Boot am nächsten Tag auf Saudey landete, erschlug Egil einige der Insassen, nahm das Boot an sich und entkam. Wenig später war er wieder auf Thorirs Hof.

Du musst etwas für meinen Freund Egil tun, Vater, sagte Arinbjörn zu Thorir. Seine Schuld ist gering, denn Bard hat sich seltsam benommen. Wo hat man schon gehört, dass der Gastgeber versucht, seinen Gast zu vergiften? Das ist wirklich sehr ungehörig, sagte Thorir, und ließ sein Schiff für die Reise zu Eirik vorbereiten. Dort erreichte er einen Vergleich: Er zahlte Buße für Bards Ermordung durch Egil, und der war wieder ein freier Mann. Es wäre mir lieb, Thorir, sagte Eirik, wenn sich dein Schützling eine Weile lang nicht mehr in meinem Reich blicken lässt. Das lässt sich machen, Herr, sagte Thorir.

XII

Ich hab es mir ja gedacht, sagte Thorolf, als er von Egils Kampf auf Atley erfuhr, und ich weiß nicht, was daraus entstehen wird. Für dich oder für mich? fragte Egil. Für uns beide, sagte Thorolf, und vielleicht auch für unseren Vater. Der hat wenigstens keine Angst vor dem mächtigen Eirik, sagte Egil, und Thorolf sagte, er solle den Mund halten.

Das nächste Frühjahr verbrachten beide auf einer Wikingerfahrt nach Kurland und Dänemark. Sie trieben Handel, plünderten, und kurz bevor sie wieder in den Norden nach Norwegen fuhren, überfielen sie noch die reiche Stadt Lund. Egil war immer der Erste beim Angreifen und der Erste beim Plündern.

Im Herbst kamen sie wieder zu Thorirs Hof, und Arinbjörn lud seinen Freund Egil ein, den Winter über zu bleiben. War das klug, Arinbjörn? fragte Thorir, du weißt, dass Eirik Egil am liebsten weit weg von seinem Land sähe. Er kann nichts dagegen sagen, wenn du Thorolf bei dir aufnimmst und mit seinen Leuten auch Egil, sagte Arinbjörn.

Später reiste Thorir zu Eirik und bat ihn um Verständnis für Thorolfs Besuch. Es ist gut, sagte Eirik, aber ein anderer als du hätte diesem Egil keinen Unterschlupf gewähren dürfen. Du bist ja wieder äußerst großmütig, Eirik, sagte Gunnhild, aber wenn du den Mord an deinem treuesten Diener schon vergessen hast, ich habe es nicht. Und auch nicht, dass es vor deiner Nase geschehen ist. Es ist eine Schande, dass Bard ungerächt bleiben soll. Warst du nicht einst mit Egils Bruder sehr befreundet? fragte Eirik. Ja, sagte Gunnhild, Thorolf ist uns immer ehrenhaft begegnet. Aber sein Bruder hat alles zerstört, was zwischen dem Geschlecht Skalla-Grims und uns gewesen ist.

Als Thorir wieder zuhause angekommen war, bat er Thorolf und Egil zu sich und riet ihnen, sich vor Gunnhild zu hüten.

XIII

Als der nächste Winter vergangen war, lebten die Isländer immer noch auf Thorirs Hof. Gemeinsam mit ihrem Gastgeber wollten sie zu einem großen Fest nach Gaular reisen, um dort den Göttern im Heiligtum zu opfern. Alle Welt machte es wie sie, auch Eirik und Gunnhild und Gunnhilds Brüder Eyvind Skreyja und Alf Askmann. Das waren große, kräftige Kerle, die keinem Streit aus dem Weg gingen. Gunnhild rief sie zu sich. Es ist empörend, dass sich Skalla-Grims Söhne auf das Opferfest wagen, sagte sie, und niemand könnte euch dafür anklagen, wenn ihr sie bessere Manieren lehrt. Einer von ihnen sollte mindestens dort sein Ende finden, am besten beide. Wir tun, was wir können, sagte Eyvind.

Aber Thorir hatte sich kurz vor dem Aufbruch nach Gaular entschlossen, Egil zuhause zu lassen, damit er nicht in Streit geriete, und er wusste auf dem Opferfest Thorolf gut zu beschützen, so dass Gunnhilds Brüder nie nahe genug an ihn herankamen.

Was sollen wir machen? fragten sie ihre Schwester. Erschlagt einfach irgendeinen aus Thorirs Gefolge, sagte sie, das ist besser, als wenn alles beim Alten bleibt.

Eines Abends trafen sich Eyvind Skreyja und Alf Askmann im Tempel mit den Brüdern Thorfid und Thorvald, die mit Thorolf und Egil auf Wikingerfahrt gewesen waren. Sie tranken zu viert, aber als es Nacht geworden war, zettelte Eyvind Streit an und erstach plötzlich Thorvald. Er trug als Einziger ein Schwert, so konnten ihm Thorirs Männer nichts anhaben, und er floh zu Gunnhild, die ihn eilig außer Landes schaffen ließ. Eirik bot Thorolf und Thorfid an, eine Geldbuße für Thorvalds Ermordung durch seinen Schwager zu zahlen, aber sie lehnten ab.

Als Thorolf und Egil wieder auf Wikingerfahrt gingen, erfuhr Egil, dass Eyvind ihnen mit vielen Schiffen und Männern auflauere und in der Nähe ankere. Er schlich sich mit seinen Männern an und erschlug viele von Eyvinds Leuten. Er erbeutete Schiffe, Waffen und Proviant, aber Eyvind selbst konnte fliehen.

Thorolf hörte sich Egils Bericht an. Ich glaube, wir sollten fürs Erste einen Bogen um Norwegen machen, sagte er. Sie setzten Segel und steuerten westwärts, bis sie England erreichten.

XIV

In England herrschte damals seit Kurzem der junge König Adalstein. Doch die Fürsten der Insel, die sich Adalsteins Vater noch gebeugt hatten, begehrten nun gegen den neuen Herrscher auf. Um seine Macht zu festigen, nahm Adalstein viele Krieger in seinen Dienst, darunter auch Wikinger wie Thorolf und Egil, die mit dreihundert gut gerüsteten Männern unterwegs waren.

Auch König Olaf von Schottland rief Krieger zu sich und zog in den Süden über die Grenze von Nordimbraland, der nördlichsten Provinz von England. Ihre Hauptstadt heißt Jorvik und wurde damals von den Brüdern Alfgeir und Godrek in Adalsteins Namen regiert. Sie hatten bis dahin alle Feinde abgewehrt, alle Wikinger, die über die See gekommen waren, um in Nordimbraland zu plündern, aber dem schottischen Heer hatten die Brüder nichts entgegenzusetzen. Godrek starb in der Schlacht, Olaf zog in Jorvik ein, und Alfgeir floh mit seinen letzten Kriegern zu Adalstein. Die Nachricht von Olafs Sieg verbreitete sich schnell. Überall an den Grenzen Englands liefen die Häuptlinge zu den Schotten über, und jeder wusste, dass sich Olaf nicht mit Nordimbraland begnügen würde.

Was sollen wir tun? fragte Adalstein seine Ratgeber und die Anführer seiner Truppen. Wir sind zu wenige, um gegen Olaf zu kämpfen. Du musst, Herr, noch mehr Krieger anwerben, antworteten sie, und niemandem werden sie so bereitwillig folgen wie dir, wenn du nur selbst zu ihnen sprichst, wenigstens im Süden, wo der Feind weit ist.

So lange wird Olaf nicht warten, sagte Adalstein, aber es bleibt wohl nichts anderes übrig. Thorolf und Egil sollen so lange mit den Männern, die noch bei uns geblieben sind, die Schotten aufhalten.

Am nächsten Tag schickte Adalstein Boten nach Jorvik. Sie berichteten Olaf, dass Adalstein sich ihm in sieben Tagen zur Entscheidungsschlacht auf einer Ebene stellen wolle, die Vinheide genannt wird. Bis dahin sollten die Schotten das Plündern von Nordimbraland sein lassen. Olaf willigte ein. Als er nach einer Woche mit seinen Kriegern am Nordrand der Heide ankam, sah er am Südrand eine große Zahl von Zelten. Er schickte seine Leute dorthin, und sie wurden noch vor dem Lager von Adalsteins Leuten begrüßt, so dass sie die Zelte nicht erreichten. Leider, sagten die Krieger, sei ihr König noch nicht anwesend, er müsse aber jeden Moment kommen. Am nächsten Tag hörten Olafs Boten dasselbe.

Wie lange wird es dauern, fragte Egil seinen Bruder, bis sie unseren Plan durchschauen? Bis sie erkennen, dass wir mehr Zelte als Krieger im Lager haben und Adalstein noch tief im Süden beschäftigt ist? Noch eine Weile, sagte Thorolf, und übrigens wird Olaf seine Gier noch zum Verhängnis werden.

Als die Schotten nicht länger warten wollten, schickte Thorolf seine Boten zu ihnen: König Adalstein sei eben angekommen, sagten sie, und sei zur Schlacht bereit. Aber weil er voraussehe, dass der Kampf viele tapfere Männer das Leben kosten werde, schlage er vor, dass England und Schottland lieber Frieden halten sollten. Er, Adalstein, wäre dafür zur Zahlung einer Freundschaftsgabe bereit – ein Schilling für jeden Acker in seinem Reich.

Als Olaf das hörte, ließ er seine Männer fürs Erste die Waffen niederlegen. Was meint ihr? fragte er seine Heerführer. Wenn Adalstein so viel zahlen will, zahlt er auch noch mehr, rieten sie ihm. Und Olaf ließ Adalsteins Boten in sein Zelt rufen, um ihnen zu sagen, dass ihr König noch etwas auf sein Angebot drauflegen müsse, wenn er Freundschaft mit den Schotten halten wolle.

Gib uns drei Tage Zeit, sagten sie, und du sollst Adalsteins Antwort haben. Olaf willigte ein.

Am dritten Tag kamen sie mit einem neuen, höheren Gebot zurück, und Olaf schwankte, ob er es nicht annehmen sollte. Schließlich trat er vor die englischen Gesandten und sagte, er fordere zusätzlich, dass Adalstein ihm Nordimbraland endgültig überließe. In drei Tagen sollst du deine Antwort haben, sagten sie, und ritten über die Vinheide nach Süden. In ihrem Gefolge waren auch die Boten König Olafs.

Inzwischen waren die Krieger angekommen, die Adalstein in England angeworben hatte, eine stattliche Schar. Als der König nun hörte, wie die Verhandlungen mit Olaf bisher abgelaufen waren, sagte er zu den schottischen Boten: Reitet zurück zu eurem Herrn, und sagt ihm, dass ich ihm erlaube, nach Schottland zurückzukehren, wenn er den Schaden wiedergutmacht, den er hier angerichtet hat. Und künftig soll er Schottland in meinem Namen regieren.

Nach diesen Worten kam es zur Schlacht. Adalstein teilte seine Krieger auf und bestimmte, dass Thorolf und Egil zwei unterschiedliche Truppenteile anführen sollten. Egil wollte lieber neben seinem Bruder kämpfen, aber Adalstein beharrte auf seinem Plan.

Dank der Tapferkeit der Wikinger feierte Adalstein einen großen Sieg über Olaf.

Thorolf aber wurde im Kampf erschlagen.

XV

Adalstein ließ seine Toten bestatten und dann auf der Vinheide ein großes Zelt errichten. Seine Leute stellten Tische und Bänke auf, schafften Braten und Bier herbei, und der König ließ sich auf dem Hochsitz in der Mitte der Tafel nieder.

Auch Egil bestattete die gefallenen Krieger aus seiner Schar. Vor allem hob er ein Grab für seinen Bruder aus, wusch und schmückte die Leiche und sprach zwei Gedichte: eines zum Gedenken an Thorolf, ein zweites zum Preis des Kampfes und seiner eigenen Tapferkeit. Dann ging er, immer noch gerüstet, zu Adalstein ins Zelt.

Als er die Bahn zurückschlug, verstummte der Lärm. Adalstein bat Egil, den Hochsitz auf der anderen Seite der Tafel einzunehmen. Egil erwiderte kein Wort, setzte sich hin und starrte den König finster an. Den Schild stellte er auf den Boden, die Schwertscheide legte er sich über die Knie und nahm die Klinge immer wieder halb hinaus, bevor er sie wieder zurückschob. Eine Augenbraue zog er hoch, die andere war drohend gesenkt, sein mächtiger Kopf mit der breiten Stirn, der dicken Nase und dem starken Hals schien zu beben, und keiner im Zelt hätte es gewagt, ihn anzusprechen.

Jetzt legte sich auch Adalstein die Schwertscheide auf die Knie und umschloss den Griff mit der Hand.

Dann zog er das Schwert ganz hinaus und legte einen kostbaren Goldreif um die Klinge. Er verließ den Hochsitz, ging auf Egil zu und hielt ihm die Schwertspitze mit dem Ring entgegen. Auch Egil zog sein Schwert und stand auf. Rund um den König standen seine waffenlosen Männer und hielten Schüsseln, Teller und Schneidemesser fest umklammert.

Egil streckte das Schwert aus, bis seine Spitze die von Adalsteins Waffe berührte. Der Ring wechselte vom einen zum anderen. Dann gingen beide Männer auf ihren Platz, Egil ließ sich ein Horn geben und trank es auf einen Zug aus. Die Feier ging weiter. Allmählich wurde es wieder laut im Zelt. Adalstein ließ Egil noch zwei Kisten Silber bringen und bat ihn, diese zu Skalla-Grim zu schaffen, um ihm die Trauer um den Sohn zu lindern. Nun setzte Egil das Trinkhorn ab und sprach freundlicher zu den Männern. Er pries sogar Adalsteins Freigebigkeit mit einem Gedicht, wofür ihn der König wiederum reich belohnte.

Willst du nicht bei mir bleiben, Egil? bat Adalstein, du wärest der Erste unter meinen Leuten, und mangeln sollte es dir an nichts. Ich muss mich um das Erbe meines Bruders in Norwegen kümmern, sagte Egil, wenn ich das aber erledigt habe, komme ich vielleicht gern wieder an deinen Hof.

Es heißt, dass viele Engländer erleichtert waren, als Egil sein Schiff bestieg und mit hundert Wikingern ostwärts fuhr.

XVI

In Norwegen überbrachte Egil seinem Freund Arinbjörn die Nachricht von Thorolfs Tod. So erfuhr auch Thorolfs Witwe Asgerd davon, die bei ihrem Cousin Arinbjörn auf die Brüder gewartet hatte. Egil blieb den Winter über dort, dann aber fiel Arinbjörn auf, dass sein Freund allen Appetit verloren hatte, stundenlang schwieg oder seufzte und traurige Liebesverse sprach. Sag schon, um wen geht es? fragte Arinbjörn, und Egil seufzte wieder. Es ist Asgerd, sagte er schließlich.

Und? fragte Arinbjörn.

Hilfst du mir? fragte Egil zurück.

Ich bin an deiner Seite, sagte Arinbjörn.

Egil warb nun um Asgerd, und sie sagte, sie sei mit allem einverstanden, was ihre Familie über ihre Zukunft beschließe. Ihr Vater Björn überließ Arinbjörn die Entscheidung, und der meinte, die Hochzeit solle bald gefeiert werden. Er werde sie ausrichten, prächtig genug für einen Helden wie Egil. Aber er riet dem Paar auch, nicht länger in Norwegen zu bleiben. Denn, sagte er, Gunnhilds Hass auf dich, Egil, kennt keine Grenzen.

Also rüstete Egil nach der Hochzeit ein Schiff aus, groß genug für seine Leute und alle Schätze, die er auf seinen Fahrten angesammelt hatte, und segelte heim nach Island. Er hatte zwölf Jahre im Ausland verbracht.

XVII

Skalla-Grim war alt geworden, seit sie sich das letzte Mal gesehen hatten, und Egil nahm ihm auf Borg viel Arbeit ab. Er gewöhnte sich wieder an das Leben als Bauer, und während der kommenden Jahre wurde die Gegend um den Borgarfjord immer dichter besiedelt. Wer hier wohnte, litt keine Not, und Skalla-Grim war der Angesehenste und Reichste unter ihnen. Dann brachten Schiffe aus Norwegen die Nachricht, dass Egils Schwiegervater Björn gestorben war. Und dass Berg-Önund, Björns anderer Schwiegersohn, das gesamte Erbe an sich gerissen hätte.

War das seine eigene Idee, fragte Egil die Seeleute, oder hat ihm jemand dazu geraten? Berg-Önund ist gut Freund mit unserem neuen König Eirik, sagten sie, aber noch mehr mit Königin Gunnhild.

Egil rüstete ein Schiff aus und segelte mit Asgerd und einigen Männern nach Norwegen. Sie nahmen bei Arinbjörn Quartier.

Was meinst du, fragte Egil, ist mit Berg-Önund über das Erbe unseres Schwiegervaters zu reden? Ganz sicher nicht, sagte Arinbjörn, Berg-Önund ist böse, gewalttätig und verschlagen. Und vergiss nicht, dass er bei Eirik und Gunnhild in hoher Gunst steht. Und schließlich: Glaubst du wirklich, dass Gunnhild irgendetwas unterlassen würde, was dir schadet?

Mag sein, sagte Egil, aber Eirik ist nicht so. Und schließlich gibt es ja noch die Gesetze.

Einige Tage darauf unternahm er eine Fahrt zu Berg-Önund und verlangte von ihm die Hälfte von Björns Nachlass. Du bist ja gut, sagte Berg-Önund, deine Frau ist nichts weiter als die Tochter einer Sklavin, du selbst dürftest Norwegen eigentlich gar nicht mehr betreten, nach allem, was du dir geleistet hast – und du kommst zu mir und willst mir stehlen, was mir gehört? Wenn du nicht sofort verschwindest, geht es dir schlecht.

Wem es hier gleich schlecht geht, werden wir sehen, sagte Egil, und auch, dass du dafür bezahlen wirst, wie du über meine Frau sprichst. Aber wem Björns Erbe wirklich zukommt, soll auf dem nächsten Thing geklärt werden. Auch gut, rief Berg-Önund, wir sehen uns da. Und jetzt runter von meinem Land.

Als sich alle im nächsten Frühjahr auf dem Thinggelände trafen, zeigte sich, dass sowohl Arinbjörn wie auch Berg-Önund eine Menge Schiffe und Leute mitgebracht hatten, um ihre Sache zu unterstützen. Auch Eirik war mit großem Gefolge gekommen, und mit ihm Gunnhild. In der Mitte des Geländes war ein Stück Wiese eingezäunt, darin saßen 36 Richter aus drei Provinzen, die über alles urteilen sollten, was an diesem Tag vorgetragen werden würde.

Meine Frau, sagte Egil, ist die eheliche Tochter von Björn Brynjolfsson, auch genannt Björn Hold, Bauer in Aurland. Nach dem Tod meiner Schwiegermutter nahm sich Björn eine andere Frau von weit niedrigerer Geburt. Deren Tochter nun hat dieser Mann dort geheiratet, Berg-Önund, der nun das Erbe meiner Frau gestohlen hat. Ich bitte euch, Richter, und ich bitte dich, König Eirik, dass ihr mir zu meinem Recht verhelft.

Du, Egil, erwiderte Berg-Önund, bist noch genauso unverschämt und gewalttätig, wie du dich vor vielen Jahren zeigtest, als du zum ersten Mal unser Land unsicher gemacht hast.

Aber deine Isländermethoden werden dir hier nichts nützen, weil bei uns der König darüber wacht, dass die Gesetze eingehalten werden. Tatsache ist, dass deine Gefährtin von Eltern stammt, die nicht rechtmäßig miteinander verheiratet waren, als sie gezeugt wurde, und die damals vor ihren Familien auf eure Gesetzloseninsel geflohen waren. Erbberechtigt kann sie daher gar nicht sein, vielmehr gehört sie als ehrlose Sklavin dem König – du kannst sie unserem Herrn ja wieder abkaufen, wenn du sie nicht entbehren willst, denn dass er sie dir aus Huld schenkt, kann ich mir nicht vorstellen, so wie du dich hier aufführst. Björns Besitz aber, mein königlicher Herr und ihr Richter, steht mir zu, weil meine Frau das einzig ehelich geborene Kind des Erblassers ist.

Langsam, sagte Arinbjörn, wir haben zwölf Zeugen, die beschwören werden, dass beide Familien die rechtmäßige Geburt von Asgerd anerkannt haben. Und nur darauf kommt es an, mein König und ihr Richter.

Die zwölf Männer traten vor, leisteten die Eide, und die Richter sagten, sie wollten die Sache zu Egils Gunsten entscheiden, wenn der König nichts dagegen hätte.

Ich habe nichts dafür noch dagegen, sagte Eirik, und je eher diese unangenehme Sache aus der Welt ist, umso besser.

So kenne ich dich, rief die Königin, und wenn dieser Schurke morgen zu dir kommt und dein Königreich haben will, gibst du ihm das auch. Aber nicht mit mir. Mein Bruder Alf Askmann soll mit seinen Männern kommen und dem Spuk ein Ende machen!

Alf rief seine bewaffneten Krieger zu sich, drang in den abgeriegelten Bezirk ein und verjagte die Richter. Alle anderen aber hatten ihre Waffen abgelegt und konnten den Richtern nicht zur Hilfe kommen.

Wenn du ein Kerl bist, Berg-Önund, dann kommst du her und trägst die Sache im Kampf mit mir aus, rief Egil, der Gewinner soll den Besitz des anderen erhalten. Oho, rief König Eirik, wenn du so wild aufs Kämpfen bist, das kannst du haben – warte nur, bis meine Männer und ich wieder bewaffnet sind. Ich wollte einen gerechten Zweikampf, Eirik, aber ich sehe nun, dass der hier nicht zu haben ist, antwortete Egil. Doch ich warne jeden von euch, etwas von dem anzurühren, was Berg-Önund mir gestohlen hat. Denn ich werde alles zurückfordern und nicht zwischen Räuber und Hehler unterscheiden.

Dann ging er mit Arinbjörn zum Hafen. Jeder bestieg sein Schiff und fuhr davon.

XVIII

Der König verfolgte sie mit einer großen Flotte. Als er zu Arinbjörns Schiff kam, war dort von Egil keine Spur, und erst im Morgengrauen des nächsten Tags konnte er ihn stellen. Egil aber tötete Eiriks Steuermann mit einem Speerwurf und entkam auf einem anderen Boot. Die beiden Kisten mit dem Silber des englischen Königs führte er wie immer mit sich. Als er endlich wieder bei Arinbjörn angelangt war, rüstete der ihn mit einem neuen Schiff für die Überfahrt nach Island aus. Egil stach auch in See, dann aber fuhr er in die Gegend, in der Berg-Önund lebte, stellte ihn im Zweikampf und erschlug ihn, dann machte er sich über Berg-Önunds Gefährten her, nahm mit, was er nur mitnehmen konnte, und zerstörte den Rest. Schließlich stellte er noch ein Boot, in dem König Eiriks junger Sohn Rögnvald saß, und tötete alle, die er dort antraf.

Noch einmal kam Egil auf die Insel zurück, auf der einst Björn und dann Berg-Önund gelebt hatte. Er rammte eine Stange in den Boden und befestigte einen Pferdeschädel daran, in den er Runen geritzt hatte. Sie schmähten das Königspaar und verfluchten jeden, der sich das fruchtbare Land auf dieser Insel aneignen würde. Dann segelte er mit seinen Gefährten davon und erreichte nach kurzer Zeit den Borgarfjord.

XIX

Egil lebte wiederum als Bauer auf Borg, und Skalla-Grim, der alt und schwach geworden war, überließ ihm alle Entscheidungen. Einmal, im Spätherbst, wurde Egil zu seinem Verwandten Thord eingeladen. Der lebte auf Lambastadir, ein Stück weiter den Borgarfjord entlang auf der Schwelle zum offenen Meer. Egil ritt mit Asgerd und einigen Männern, Skalla-Grim wollte lieber am Herdfeuer von Borg bleiben. Er umarmte seinen Sohn zum Abschied und fragte dann beiläufig, was eigentlich mit den Silberkisten des englischen Königs sei? Ob Egil denn gar nicht vorhätte, ihm davon seinen Anteil zu geben? Ich wusste nicht, dass du Geldsorgen hast, sagte Egil, ich werde dir sofort etwas Silber bringen lassen. Übrigens dachte ich, dass auch du zwei Silberkisten besitzt. Ah so, sagte Skalla-Grim, du hast also unser gemeinsames Gut schon unter uns aufgeteilt? Dann wirst du sicher nichts dagegen haben, wenn ich mit meinem Silber anfange, was ich will. Das tust du doch sowieso, Vater, sagte Egil, stieg aufs Pferd und ritt davon.

Etwas später stieg auch Skalla-Grim aufs Pferd. Mit sich führte er eine Kiste und einen Kupferkessel. Er ritt davon, und als er zurückkam, hatte er nichts mehr dabei. Er ging zu seinem

Bett, behielt aber die Kleider an. Am nächsten Morgen fand man ihn tot und stocksteif auf der Bettkante sitzend.

Egil wurde herbeigeholt, und erst ihm gelang es, Skalla-Grim hinzulegen und ihm Augen und Mund zu schließen. Durch die Tür allerdings bekamen sie den sperrigen Leichnam nicht. Also brachen sie ein Stück aus der Wand der Schlafkammer, um ihn nach draußen zu bringen und dann zur Halbinsel Digranes. Dort ließ ihm Egil einen Grabhügel errichten, ganz in der Nähe von der Landspitze, wo Skalla-Grim damals in blinder Wut den Stein auf Egils Amme Thorgerd geworfen hatte. Egil gab ihm sein Pferd mit ins Grab und seine Waffen, aber keinen Schmuck. Skalla-Grims Silber ist bis zum heutigen Tag verschwunden.

XX

In der Zwischenzeit war Hakon, ein anderer Sohn König Haralds und ein Bruder König Eiriks, nach Norwegen gekommen und hatte Eirik herausgefordert. Da Hakon viel mehr Krieger aufbieten konnte als Eirik, verließ der die Heimat, segelte zu den Orkneys, wo er seine Tochter mit dem Jarl verheiratete, und bedrohte dann König Adalstein von England. Schließlich schlossen sie Frieden: Eirik ging nach Jorvik, herrschte in Adalsteins Namen über Nordimbraland und beschützte England vor den Schotten und den Wikingern. Arinbjörn war bei ihm. Gunnhild aber sprach einen mächtigen Zauber über Egil: Er solle keine Ruhe haben, bis er wieder vor der Königin stehe.

Egil langweilte sich auf Island, und weil aus Norwegen keine Schiffe und keine Nachrichten zu ihm kamen, langweilte er sich noch mehr. Vielleicht sollte ich einmal nach Osten fahren und

DER SILBERSCHATZ

nach dem Rechten sehen, überlegte er, fürs Erste würde es ja reichen, König Adalstein zu besuchen und ihn an seine Versprechen zu erinnern. Dann rüstete er ein Schiff aus für sich und eine kleine Schar von Wikingern.

Die britische Insel umsegelten sie im Norden. Auf den Orkneys wollte Egil nicht landen. Als sie von dort aus südwärts fuhren, gerieten sie ausgerechnet in der Nähe von Jorvik in einen Sturm und mussten notgedrungen das Schiff an Land bringen. Ihre Ladung und alle Menschenleben konnten sie dabei retten, aber nicht ihr Boot.

Was sollen wir nur machen? fragten Egils Leute, als sie merkten, wo sie waren. Gebt mir einen Hut mit breiter Krempe, sagte Egil, und einen weiten Umhang, damit mich niemand erkennt. Er setzte sich aufs Pferd und erreichte Jorvik nach einigen Stunden. Dort fragte er sich zu Arinbjörns Haus durch. Sein Freund begrüßte ihn so herzlich wie besorgt. Uns bleibt nur eines, sagte er zu Egil. Er rief eine Schar Bewaffneter zusammen. Dann ging er mit Egil zu König Eiriks Residenz.

XXI

Es war am späten Abend, als Egil und Arinbjörn zu Eirik kamen. Als sie ihm in der Halle gegenüberstanden, erkannte der König zuerst nur seinen Ratgeber. Was gibt es, Arinbjörn? fragte Eirik. Herr, ich bringe einen Mann zu dir, der freiwillig eine gefährliche Meeresfahrt auf sich genommen hat, nur um sich mit dir zu versöhnen. Es ziemt sich, Herr, ihm freundlich zu begegnen, sagte Arinbjörn. Dann trat Egil vor. Der König schaute ihn an, als könne er sich nicht entscheiden, ob er ihn sofort durchbohren oder langsam zu Tode martern solle.

Du hier, Egil, sagte Eirik. Du hier, der für jedes einzelne seiner Verbrechen den Tod verdient hätte? Du hier, der nicht müde wird, mich zu verunglimpfen und dem Gespött preiszugeben?

Was er sich mit Schmähreden zuschulden kommen ließ, wird er aufwiegen, indem er wundervolle Verse zu deinem Lob dichten wird, sagte Arinbjörn.

Die Verse wollen wir nicht hören, sagte Gunnhild. Ich denke, Eirik, du solltest kurzen Prozess machen. Schon viel zu lange warten wir alle darauf, dass Egils hässlicher Kopf endlich zu Boden fällt.

Aber, sagte Arinbjörn, ist es nicht gegen jeden Brauch, ein Todesurteil mitten in der Nacht zu vollstrecken?

Schon recht, sagte Eirik, ich bin der Sache mehr als müde. Arinbjörn, nimm deinen Freund mit, und pass gut auf ihn auf. Du haftest mit deinem Kopf dafür, dass du ihn mir morgen früh ein zweites Mal vorführst.

Arinbjörn brachte Egil wieder in sein Haus. Er führte ihn in eine Kammer im Obergeschoss und ließ einen Tisch, Schiefertafeln und einen Leuchter bringen. Durch ein kleines Fenster schien der Mond.

Ich sehe nur einen Weg, deinen Kopf zu retten, Egil, sagte Arinbjörn. Du musst ein Gedicht auf Eirik verfassen, das ihn so für dich einnimmt, dass er dich laufen lässt. Gut, sagte Egil, und Arinbjörn ließ ihn allein.

Einige Stunden darauf kam er wieder, um nach seinem Freund zu schauen. Und, fragte Arinbjörn, wie weit bist du? Keine Zeile, sagte Egil, aber wie soll man auch dichten, wenn einen draußen vorm Fenster ein Vogel um den Verstand singt? Ich kümmere mich darum, sagte Arinbjörn, nahm eine Leiter und ging vor die Tür. Als er den kleinen Vogel sah, der vor Egils Zimmer auf dem

Fenstersims saß und so süß und traurig sang, wie Arinbjörn es noch nie gehört hatte, kam es ihm vor, als ob der Vogel ihn kalt und böse anstarrte. Dann flog er davon. Arinbjörn aber blieb bis zur Morgendämmerung auf seiner Leiter und wachte darüber, dass Egil nicht mehr gestört wurde.

Als es Zeit wurde, wieder vor dem König zu erscheinen, ging Arinbjörn zu Egil. Er sammelte einige bewaffnete Krieger um sich, die umgaben Egil auf dem Weg. Als sie in die Halle kamen, saßen dort der König und Gunnhild und einige seiner Leute. Hier bringe ich dir Egil, sagte Arinbjörn, aber weil er gestern freiwillig zu dir gekommen ist, wäre es nur gerecht, wenn du ihn wieder laufen lässt. Gib ihm eine Woche Vorsprung, dann magst du ihn verfolgen.

Es reicht, Arinbjörn, sagte Gunnhild, auf welcher Seite stehst du eigentlich?

Ich bin mit dir gegangen, König, als du aus Norwegen vertrieben worden bist, sagte Arinbjörn. Ich war dir Ratgeber und Freund. Aber Egil ist wie ein Bruder für mich. Wenn du ihn töten lässt, musst du auch mich töten. Und wir werden unser Leben teuer verkaufen.

Egil hat den Tod verdient, nichts weiter, sagte Eirik.

Darf ich sprechen, Herr? fragte Egil. Der König nickte. Und Egil sprach Verse von so hoher Schönheit, dass niemand sie wieder vergaß, der sie gehört hatte. Er pries darin Eiriks Tatendurst und seine Streitlust im Kampf. Er beschrieb, wie Eirik nach dem Kampf seine Freunde freigebig belohnt. Und auch seine Überzeugung, dass der König sein Gedicht gut aufnehmen werde.

Das war ausgezeichnet, Egil, sagte Eirik, als die Verse verklungen waren, das Schönste, was ich je gehört habe. Ich will,

EGIL
dichtet

dass dein Gedicht abgeschrieben und überall verbreitet wird. Du sollst fürs Erste frei sein, aber verschwinde von hier und lass dich nie wieder vor meinen Augen oder vor meinen Männern blicken, sonst geht es dir schlecht.

Egil nickte. Mein Gedicht heißt *Die Haupteslösung,* sagte er noch, dann verließ er mit Arinbjörn Eiriks Halle. Sein Freund brachte ihn und seine Männer so schnell wie möglich zu König Adalstein nach Lundunir, der englischen Hauptstadt. Und Egil hatte es eilig, wieder nach Island zu kommen.

XXII

Fünf Kinder hatte Egil mit Asgerd, außerdem lebte noch Thordis bei ihnen, die Tochter von Asgerd und seinem Bruder Thorolf. Als sie herangewachsen war, heiratete sie den Bauern Grim auf Mosfell. Egils älteste Tochter Thorgerd verheiratete sich zu dieser Zeit mit Olaf Höskuldsson auf Hjardarholt im Laxardalur. Von Egils drei Söhnen stand Thorstein, der Jüngste, dem Vater am fernsten, Gunnar, den Mittleren, konnte Egil gut leiden, aber Bödvar, der älteste der Brüder, war Egils Ein und Alles.

Gunnar Egilsson starb eines Tages überraschend, und Egil trauerte mit seinen Leuten um ihn, wie es der Brauch verlangte. Kurz darauf bat Bödvar darum, die Knechte ans Ufer des Flusses Hvita begleiten zu dürfen, wo sie Holz abholen und über den Borgarfjord schiffen wollten, das Egil gekauft hatte. Egil erlaubte es, und Bödvar stieg in den Achtruderer. Sie kamen gut zur Hvitamündung, aber auf dem Rückweg gerieten sie in einen Sturm, das Schiff sank, und die Besatzung ertrank.

Bödvars Leiche trieb bei Einarsnes an Land, ganz in der Nähe der Stelle, wohin es Kveld-Ulfs Sarg verschlagen hatte. Als Egil davon hörte, ritt er auf die Halbinsel und nahm seinen Sohn vor sich aufs Pferd. Mit einem Arm hielt er ihn, der andere führte die Zügel. Niemand hat später je gewagt, diesen Ritt vor ihm zu erwähnen.

Er brachte Bödvar nach Digranes, ließ den Grabhügel seines Vaters öffnen und bettete seinen Sohn hinein. Dann ritt er nach Borg, setzte sich in seine Schlafecke, zog die Türen zu, legte den Riegel vor und sprach zu niemandem ein Wort. Essen und Trinken wies er zurück.

Wir müssen etwas unternehmen, sagte Asgerd, als Egil drei Tage später immer noch in der Koje war, vielleicht weiß Thorgerd Rat, er liebt sie doch über alles.

Sie schickte einen Boten nach Hjardarholt, und Thorgerd war kaum in Borg angekommen, da klopfte sie an die Tür zu Egils Schlafkoje und bat ihn um Einlass. Wir wollen zusammen trauern, sagte sie, und beide nichts anrühren, bis wir bei Bödvar sind, da ich hier ohne meinen Vater und meinen Bruder nichts mehr verloren habe. Das ist recht, sagte Egil, öffnete den Riegel und ließ sie herein. Nach einer Weile merkte er, dass Thorgerd auf etwas herumkaute. Was ist das? fragte er. Seetang, sagte Thorgerd, ich denke, das beschleunigt die Sache, denn gesund ist das nicht. Willst du auch? Gut, sagte Egil. Sie kauten eine Weile, dann ließ Thorgerd Wasser bringen. Kein Wunder, sagte Egil, so salzig wie der Tang ist. Bringt auch Wasser für meinen Vater, rief Thorgerd durch die Wand, und eine Dienerin reichte ein Trinkhorn herein. Egil nahm einen tiefen Schluck. Dann spuckte er aus. Ich bin betrogen, rief er, das war Milch! Vor Wut biss er ein großes Stück aus dem Horn heraus.

Und jetzt? fragte Thorgerd. Eigentlich könnten wir doch, bevor wir wieder mit dem Sterben anfangen, erst einmal dafür sorgen, dass Bödvar würdig verabschiedet wird, meinst du nicht? Du hast recht, sagte Egil, schwang sich auf und öffnete die Tür zur Koje.

Egils Gedichte sind noch heute berühmt, aber keines ist so schön wie *Der Söhne Verlust*, das Lied, das er nach dem Tod von Gunnar und Bödvar dichtete. Und während er daran arbeitete, wurde er immer kräftiger und fröhlicher. Er trug es allen vor, die damals auf Borg lebten, und jeder konnte sehen, wie stolz er auf sein Werk war. Als Thorgerd nach der Gedenkfeier wieder zu ihrem Mann ging, wurde sie von Egil großzügig beschenkt.

XXIII

Nach vielen Abenteuern auf Island und in Norwegen merkte Egil allmählich das Alter. Als seine Frau Asgerd gestorben war, übergab er Borg an Thorstein und zog nach Mosfell zu seiner Stieftochter Thordis, die er sehr liebte. Er wurde blind, lahm und schwerhörig. Außerdem fror er immerzu, so dass er fast nur noch am Feuer saß. Dort erzählte er den Mägden gern von seinen Taten: Einmal, fing er an, kam ich in Norwegen zu einem Berserker namens Ljot, um gegen ihn zu kämpfen, aber die Mägde unterbrachen ihn und sagten, dass sie diese Geschichte doch schon hundertmal gehört hätten. So, sagte Egil, aber sicher wisst ihr nicht, was geschah, als Berg-Önunds Bruder Atli mit mir auf dem Thing um das Erbe von Asgerds Vater stritt? Du hast ihm die Kehle durchgebissen und danach einem Stier das Genick gebrochen, sagten die Mägde im Chor, das wissen wir doch längst. Gut, dann will ich euch erzählen, wie ich einmal beim geizigen Armod nichts als Molke zu

EGIL BRINGT BODVAR
NACH DIGRANES

trinken bekommen sollte. Aber der hat mich kennengelernt! Als er endlich doch noch Bier aufgetischt hat … hast du getrunken und getrunken, riefen die Mägde, und ihm dann mitten in seinen Mund gekotzt! Ihr wart ja früher nicht gerade zimperlich auf euren Fahrten. Schon, sagte Egil stolz, aber am nächsten Morgen war ich immer noch so wütend auf den Geizkragen, dass ich in seine Schlafkoje gekommen bin und ihm mit dem Zeigefinger das linke Auge rausgerissen habe! Wissen wir doch alles, sagten die Mägde, und jetzt rutsch mal ein Stück vom Feuer weg, sonst haben wir zu wenig Licht zum Arbeiten. Es gab mal eine Zeit, brummte Egil, da haben die Frauen mich gern bei sich gesehen. Und Könige haben auf mein Wort gehört! Besonders einer, der mich eigentlich nicht leiden konnte. Einmal habe ich in auswegloser Lage allein durch meine Dichtkunst, hört ihr, meine Dichtkunst …

Aber niemand machte sich die Mühe, ihm zu antworten.

Eines Tages bat er seinen Stiefschwiegersohn, den Bauern von Mosfell, ihn zum nächsten Thing mitzunehmen. Der Ritt ist beschwerlich, Vater, sagte Grim, ich will es überlegen. Aber heimlich bat er Thordis, den Grund für Egils Wunsch herauszufinden. Egil kicherte stolz, als er Thordis seinen Plan verriet. Du weißt doch, Thordis, dass ich noch immer die beiden Kisten mit englischem Silber besitze, sagte Egil, und da habe ich mir gedacht, dass ich mich oben auf den Felsen von Thingvellir stelle und die Kisten über den Leuten auskippe. Glaub mir, das wird ein Spaß, wenn sich alle um das Silber prügeln! Ich wünschte nur, ich könnte es mit eigenen Augen sehen. Aber du musst mir alles erzählen, ja?

Thordis fand, dass das ein großartiger Plan sei, und versprach, ihm alles genau zu schildern. Dann lief sie zu Grim und erzählte ihm, was Egil vor hatte. Grim schlug ihm den Wunsch ab, mit ihm zu reisen, und Egil ärgerte sich sehr.

XXIV

Eines Morgens rief Egil zwei Sklaven zu sich und verschwand mit ihnen auf der Wiese, die unterhalb des Hofs von Mosfell liegt. Seine Silberkisten trug er bei sich. Erst am Abend kam er wieder: ohne Silber, ohne Sklaven, aber mit einem Grinsen auf dem Gesicht, wie man es lange nicht mehr bei ihm gesehen hatte. Wo er gewesen war und was er mit den Sklaven gemacht hatte, wollte er nicht sagen, und wenn man ihn nach dem Silber fragte, grinste er nur noch mehr. Ein paar Monate darauf ist er gestorben.

Als man viel später den alten Kirchhof von Mosfell verlegte, öffnete man auch ein Grab. Man fand darin riesige Knochen und einen Schädel, der ungewöhnlich groß und seltsam anzusehen war, dick und gewellt wie eine Muschel. Ein Mann wollte prüfen, wie hart der Schädel sei, und hieb mit einer Axt auf ihn ein. Es gelang ihm nicht, dem Schädel auch nur einen Kratzer beizubringen. Die Leute glaubten, dass es sich um Egils Skelett handele und bestatteten die Knochen und den Schädel ein zweites Mal.

Auf der Weide bei Mosfells Kirche rupfen ein paar magere Isländerpferde Gräser aus, am Horizont wartet die niedrige Silhouette der Lavafelsen. Kühl ist es und still. Nach Egils Silber haben hier schon viele gesucht. Eine Felsspalte in den Hügeln hinter der Kirche gilt als Versteck der Truhen, oder auch das ehemalige Moorgebiet rund um den Hof, wenn Egil das Silber nicht in die heißen Quellen im Tal geworfen hat. Vor einigen Jahren meldete ein Radiosender, der Schatz sei gerade gehoben worden, und lockte damit Schaulustige nach Mosfell – am 1. April. Auch nach Egils Knochen wurde gesucht. Man hofft, eines Tages in einem verschütteten Grab auf dem alten Kirchhof einen verformten Schädel zu finden. Allerdings weiß niemand, wo genau der Friedhof einst gelegen hat.

MOSELA

Dem ich das Schlimmste zugefügt

oder Die Saga von Gudrun Osvifrsdottir

Ganz leise klingt das »Durr! durr!« einer Bekassine, und der weiße Bretterzaun um das Grab Gudrun Osvifrsdottirs neben der Kirche von Helgafell leuchtet vor sich hin. Es ist eine kleine Gemeinde hier, es wird wenig gestorben und noch weniger geboren auf der Halbinsel Snæfellsnes ganz im Westen Islands. Sonderbare Geschichten erzählt man sich von der Landzunge im Schatten des Gletschers, den manche für einen Landeplatz der Außerirdischen und andere für den Eingang in die Unterwelt halten. Wer dagegen von Gudruns Grab aus den Aufstieg zum danebenliegenden, gerade mal siebzig Meter hohen Helgafell beginnt, heißt es, und sich dabei weder umschaut noch ein Wort spricht, der kann sich oben auf dem Heiligen Berg etwas wünschen. Der Pfad durch die mattgrünen Wiesen ist ausgetreten, die Füße wirbeln rötlichen Staub auf. Oben auf dem Berg sieht man in jeder Richtung einen Wasserlauf: den Fjord und das Hafenstädtchen Stykkishólmur im Norden, im Westen einen stillen See, im Süden und Osten mäandern Bäche. Es riecht nach frisch geschnittenem Gras. Wenn man spricht, gibt es ein eigentümlich knatterndes Echo. Also schweigt man besser, bis man wieder unten steht. Und auch noch ein bisschen länger.

Ich bin froh, dass du vorbeikommst, sagte Gudrun Osvifrsdottir zum weisen Gest Oddleifsson, ich brauche deinen Rat. Seit einiger Zeit suchen mich schwere Träume heim, und man sagt, du verstehst dich aufs Deuten.

Erzähl sie mir, sagte Gest.

Gest war auf dem Weg zum Thing durchs Sälingsdalur geritten, wo Osvifrs Hof Laugar stand, und rastete nun an der Quelle. Gudrun Osvifrsdottir war nicht nur seine Verwandte, sondern auch das schönste und klügste Mädchen weit und breit, und darum saß er gern bei ihr. Sein kleiner Sohn begleitete ihn.

Im ersten Traum, sagte Gudrun, trage ich eine festliche Haube auf dem Kopf. Ich kann sie nur fühlen, nicht sehen, aber sie drückt mich. Dann sehe ich mein Spiegelbild in einem Bach. Weil mir die Haube nicht steht, will ich sie absetzen, aber plötzlich sind um mich herum Leute, die mich davor warnen. Doch ich reiße die Haube herunter und werfe sie in den Bach. Damit bricht der Traum ab.

Interessant, sagte Gest, und der nächste?

Im nächsten Traum stehe ich an einem See, sagte Gudrun. Ich trage einen neuen Silberreif am Arm, der mir gut gefällt. Plötzlich rutscht er herunter und fällt ins Wasser. Ich suche nach ihm, aber er bleibt verschwunden.

War es das? fragte Gest.

Im dritten Traum, fuhr Gudrun fort, habe ich einen Goldreif an der Stelle, wo im vorigen Traum der silberne war. Er gefällt mir, aber ich wundere mich über mich selbst, dass er mich nicht noch glücklicher macht, weil Gold doch so viel wertvoller ist als Silber. Plötzlich falle ich hin und schlage mit dem Reif auf einen Stein, er zerbricht daran, und erst jetzt, wo ich ihn verliere, ist er mir so lieb, dass sein Verlust mich mehr schmerzt als irgend-

GEST

etwas sonst. Ich nehme die Bruchstücke in die Hand und sehe, dass sie voller Blut sind und dass der Reif schon vorher Risse hatte. Aber ich weiß, dass es meine Schuld ist, weil ich nicht besser auf ihn aufgepasst habe.

Gudrun sah aus, als ob sie gleich anfangen würde zu weinen.

Kommt noch ein Traum? fragte Gest.

Einer, sagte Gudrun. Diesmal stehe ich am Hvammsfjord und trage einen kostbaren Goldhelm, besetzt mit Edelsteinen. Der drückt mich, ich will ihn aber nicht absetzen. Doch er fällt herab und rollt in den Fjord.

Deine vier Träume sind leicht zu deuten, sagte Gest. Du wirst dich viermal verheiraten. Dein erster Mann passt nicht zu dir, und du wirst ihn rasch wieder loswerden wollen wie die Haube, die dir nicht steht. Den zweiten wirst du gegen deinen Willen verlieren, kann sein, dass er ertrinkt, so wie der Silberreif im Wasser verschwindet. Der dritte ist ein komplizierter Fall, wahrscheinlich wird bei seinem Tod Blut fließen wie beim Zerbrechen des Goldreifs. Dein vierter Mann wird reich und mächtig sein, aber auch ihn wirst du verlieren, draußen am Hvammsfjord.

Du kannst nichts für deine Prophezeiungen, sagte Gudrun, schließlich habe ich das alles geträumt und nicht du. Ich wünschte nur, es käme anders.

Als Gest und sein Sohn weiterritten, trafen sie auf Olaf Höskuldsson, den Bauern auf Hjardarholt. Olaf war der Schwiegersohn des berühmten Egil. Er lud Gest ein, den Hof zu besichtigen, und als es Abend wurde, ritten sie noch ans Ufer der Laxa, wo Olafs Söhne und andere junge Männer aus der Umgebung gerade badeten. Unter ihnen war auch Olafs Neffe Bolli, der bei ihm auf Hjardarholt aufwuchs und der engste Freund von Olafs ältestem Sohn Kjartan war. Beide waren schöne, starke und geschickte Männer. Jetzt saßen sie mit den anderen an der Laxa, ruhten vom Baden aus und wärmten sich in der Abendsonne.

In einiger Entfernung hielt Olaf sein Pferd an und wandte sich zu Gest. Du kennst die Menschen wie kein Zweiter auf Island, sagte er, und wohl auch ihre Schicksale: Sage mir doch, wer von diesen Jungen später einmal das größte Ansehen erwerben wird?

Es wird kommen, wie du es dir wünschst, sagte Gest. Natürlich wird Kjartan der Angesehenste sein, solange er lebt.

Olaf war zufrieden. Sie nahmen Abschied, aber als Gest weiterritt, fragte ihn sein Sohn, warum er die Augen voller Tränen hätte. Bolli, sagte Gest, wird eines Tages zum Mörder seines Freundes werden, und damit auch zu seinem eigenen.

II Gudrun war fünfzehn Jahre alt, als Thorvald Halldorsson bei ihrem Vater um ihre Hand anhielt. Gut, sagte Osvifr, aber wir werden einen Vertrag miteinander abschließen über euren gemeinsamen Besitz in der Ehe. Falls ihr euch trennen solltet, steht Gudrun die Hälfte von allem zu. Und von dir erwarte ich, dass du meiner Tochter jeden Wunsch erfüllst, solange du damit nicht euren Hof gefährdest. Ich werbe um die Frau und nicht um das Geld, sagte Thorvald. Gudrun wurde nicht gefragt. Aber jeder konnte ihr ansehen, dass sie nicht einverstanden mit der Hochzeit war.

Thorvalds Hof lag im Norden, am Ufer des Gilsfjords. Gudrun verlangte von ihrem Mann, dass er ihr jedes Schmuckstück kaufte, das ihr gefiel, und bald kamen alle fahrenden Händler gern bei ihr vorbei, weil sie wussten, dass sie hier gute Geschäfte machen konnten. Einmal verlangte sie von Thorvald, dass er für eine kostbare Brosche bezahlte, die ihr ein Schmuckhändler gezeigt hatte, und zum ersten Mal weigerte sich ihr Mann. Was soll das denn, sagte Gudrun und zeigte auf den Händler, bezahl ihn, dann kannst du wieder in deinen Stall gehen. Da gab Thorvald ihr eine Ohrfeige, dass ihre Wange ganz rot wurde. Immerhin sorgst du dafür, dass ich eine gesunde Farbe trage, sagte Gudrun, wenn du auch sonst so geizig bist. Aber keine Sorge, ich werde dich nie wieder um etwas bitten.

Gudrun hatte einen Vertrauten, den Bauern Thord Ingunnsson, der mit seinen beiden Schwagern auf der Südseite des Gilsfjords den Hof Hol bewirtschaftete. Thord war nicht nur stark und geschickt, sondern kannte sich auch gut in den Gesetzestexten aus. An diesem Abend kam er zu Gudrun, und sie sagte ihm, dass sie nicht mehr länger mit Thorvald leben könne. Weißt du nicht, wie ich ihn loswerde? Wenn du ihm ein Hemd nähst mit einem weiten Ausschnitt, wie es Frauen tragen, und er es anzieht, kann er sich nicht gegen eine Scheidung sträuben, sagte Thord. Dann bist du frei. Gudrun tat, wie er ihr riet, dann zog sie zu ihrem Vater zurück und nahm die Hälfte des Vermögens mit. Sie war nun siebzehn Jahre alt und eine reiche Frau.

Später im Jahr kam Thord südwärts durchs Sälingsdalur geritten. Er wollte zum Thing, und Osvifr und seine Leute begleiteten ihn. Gudrun war bei ihnen. Der Sommer war schön, und einmal geschah es, dass Thord und Gudrun nebeneinanderritten. Stimmt es, fragte Gudrun, dass deine Frau Aud Männerhosen trägt? Das ist mir noch nie aufgefallen, sagte Thord. Gudrun lächelte. Als sie auf dem Thing waren, besuchten sie einander oft in den Thingbuden. Was wäre denn, fragte Thord Gudrun, wenn es mit Aud wirklich so wäre wie du vermutest? Das wäre doch

wohl sicher ein ähnlicher Fall wie wenn ein Mann weit ausgeschnittene Frauenhemden anhätte, oder? sagte Gudrun. Noch am selben Tag gab Thord bekannt, dass er sich von Aud scheiden lassen wolle, weil sie Männerhosen trage. Ihre Brüder waren wütend auf Thord, aber sie konnten ihm nichts anhaben, und so nahm er sein Vieh aus Hol und trieb es nach Laugar zu Osvifr und Gudrun. Wenig später nahm Gudrun ihn zum Mann.

Eines Nachts schlich sich Aud nach Laugar. Sie tastete sich bis in Thords Schlafkammer vor und hieb mit dem Schwert nach ihm, so heftig, dass es im Bett stecken blieb. Thord wurde verwundet, er verlor viel Blut, und seinen Arm konnte er nie mehr gebrauchen wie zuvor. Aber er wollte nicht, dass irgendjemand Aud für ihre Tat bestrafe.

In dieser Zeit ließ sich der Zauberer Kotkel mit seinen Söhnen dort nieder, wo Thords alte Mutter Ingunn lebte. Sie hatte sehr unter ihm zu leiden, und Thord beschloss, sie zu sich zu nehmen und Kotkel wegen Zauberei vor den Thing zu laden. Das glückte ihm auch, aber als er auf dem Rückweg über den Breidafjord fuhr, sandte ihm Kotkel einen Sturm, der das Schiff zum Kentern brachte. Thord ertrank mit allen seinen Leuten. Kotkel und seine Männer aber wurden wenig später ergriffen und erschlagen oder ertränkt. Einige von ihnen standen noch eine Weile als Wiedergänger über ihren Gräbern. Dann hörte auch das auf.

III

Die Freundschaft zwischen Bolli und Kjartan war mit den Jahren noch gewachsen, und nie sah man einen von ihnen ohne den anderen. Auch als Kjartan sich angewöhnte, nordwärts am Ufer des Hvammsfjord entlang nach Laugar zu reiten, war Bolli immer an seiner Seite. Gewöhnlich trafen sie Gudrun an der Quelle, die zum Hof gehörte, und Kjartan und sie unterhielten sich dann stundenlang. Es wurde viel über sie geredet, und jeder erwartete, dass sie heiraten würden.

Eines Tages ritt Kjartan mit Bolli in den Süden zu seinem Onkel Thorstein, der den Hof Borg von seinem Vater Egil übernommen hatte. Kjartan traf dort den jungen Kalf Asgeirsson, der gerade ein Schiff für die Fahrt nach Norwegen vorbereitete. Zu dir wollte ich, Kalf, sagte Kjartan, um dich zu fragen, ob du mich als Teilhaber aufnimmst. Kalf war gern dazu bereit, und Kjartan ritt wieder nach Hause, um seinem Vater Olaf davon zu berichten. Das war vielleicht etwas voreilig, Kjartan, sagte Olaf, aber es ist jetzt wohl nicht mehr zu ändern. Als Kjartan bei seinem nächsten Besuch in Laugar Gudrun davon erzählte, gab sie ihm zu verstehen, dass auch sie unzufrieden damit war.

Es ist beschlossen und abgemacht, Gudrun, sagte Kjartan, ich kann daran nichts mehr ändern. Aber ich würde sonst alles tun, um dich wieder lächeln zu sehen. Alles? fragte Gudrun. Alles, sagte Kjartan.

Schwöre!

Ich schwöre.

Dann nimm mich mit, ich halte es in Island nicht mehr aus.

Das geht nicht, sagte Kjartan, dein Vater ist alt, und deine kleinen Brüder brauchen dich. Aber wenn du versprichst, drei Winter auf mich zu warten ... Das, unterbrach ihn Gudrun, verspreche ich dir nicht. Wenn du jetzt fährst, Kjartan, tust du das auf eigene Gefahr.

IV Bald darauf schifften sich Kalf, Kjartan und Bolli ein. In Norwegen war gerade Olaf Tryggvason König geworden. Er war Christ und gab sich große Mühe, seine Untertanen zu missionieren. Auch Kjartan und Bolli ließen sich taufen und mit ihnen ihre gesamte Mannschaft. Im nächsten Frühling wollte Kjartan Norwegen wieder verlassen, aber der König bat ihn, bei ihm zu bleiben, außer wenn er es auf sich nehmen würde, nach Island zu fahren und seine Landsleute zum Christentum zu bekehren. Ich bleibe lieber bei dir, Herr, sagte Kjartan, bevor ich mit meinen Verwandten wegen des neuen Glaubens in Streit gerate. Andere versuchten sich an der Aufgabe und stießen dabei auf große Schwierigkeiten. König Olaf geriet darüber in einen solchen Zorn, dass er vier vornehme Isländer an seinem Hof zu Geiseln erklärte, die das Land nicht verlassen dürften. Kjartan war einer von ihnen, Bolli aber nicht.

Ich werde zurückfahren, mein Freund, sagte Bolli, denn es wird noch einige Zeit dauern, bis du dich mit mir auf die Reise machen kannst. Übrigens geht es dir ja auch gut hier bei Hof und am Tisch der schönen Ingibjörg, der Schwester des Königs. Red keinen Unfug, sagte Kjartan, und grüße meine Verwandten und Freunde von mir, wenn du wieder zuhause bist.

In Island ritt Bolli geradewegs zu seinem Ziehvater Olaf Höskuldsson und wenig später nach Laugar zu Gudrun. Was gibt es Neues, Bolli? fragte Gudrun. Bolli erzählte von seinen Fahrten, von König Olaf und vom neuen Glauben, den sie angenommen hätten. Und Kjartan hast du zurückgelassen? fragte Gudrun weiter. Es geht ihm dort gut, sagte Bolli, er steht beim König in höchster Gunst, und man sagt, dass auch die Schwester des Königs ihn gern um sich sieht. Was sagt denn König Olaf dazu? fragte Gudrun. Der schätzt meinen Ziehbruder so sehr, dass er ihm wohl lieber Ingibjörg zur Frau geben würde, als ihn zu verlieren, sagte Bolli.

Bei einem seiner nächsten Besuche fragte Bolli Gudrun, ob sie sich vorstellen könnte, seine Frau zu werden. Du weißt doch, dass ich niemanden außer Kjartan heiraten werde, sagte Gudrun. Aber weißt du auch, ob er überhaupt wiederkommt, sagte Bolli, und überhaupt: Hast du dich nie gefragt, warum er mir keine Nachricht für dich mitgegeben hat? Aber Gudrun wollte nichts davon wissen, und Bolli ließ sich eine Zeit lang nicht mehr auf Laugar blicken.

Zurück auf Hjardarholt berichtete Bolli seinem Onkel Olaf Höskuldsson, dass er vorhabe, Gudrun zu heiraten. Damit will ich nichts zu tun haben, Bolli, sagte Olaf, weil Kjartan und Gudrun einander so gut wie versprochen sind. Was meint sie überhaupt dazu? Sie hat sich dazu nicht so klar geäußert, sagte Bolli, und es wäre schön, wenn du mir wenigstens keine Steine in den Weg legst, wenn du mich in dieser Sache schon nicht unterstützt. Gut, sagte Olaf, falls mein Freund Osvifr dafür ist, werde ich nichts dagegen einwenden.

Bolli brachte seine Werbung bei Gudruns Vater vor, und Osvifr war darüber sehr erfreut. Allerdings meinte er, dass Gudrun selbst darüber entscheiden müsse, und als er sie fragte, sagte sie nur, sie hätte Bolli mit so eindeutigen Worten abgewiesen, dass sie sich wundere, wie er noch den Mut finde, bei ihrem Vater um sie anzuhalten. Osvifr aber redete so lange auf sie ein, bis sie der Hochzeit zustimmte. Allerdings ließ sie ihren Mann spüren, dass sie nur deshalb bei ihm war, weil man sie so bedrängt hatte.

Inzwischen waren die Isländer Christen geworden, und König Olaf entließ seine Geiseln mit reichen Geschenken. Auch Kjartan erklärte, dass er zurückfahren wolle. Willst du oder musst du, Kjartan, fragte Ingibjörg. Und als Kjartan darauf schwieg, gab sie ihm ein kostbares Tuch mit. Als Brautgabe für Gudrun Osvifrsdottir aus Laugar, sagte sie. Damit sie sieht, mit wem ihr Verlobter in Norwegen seine Zeit verbracht hat. Kjartan dankte ihr dafür und machte sich auf den Weg, gemeinsam mit seinem Handelspartner Kalf Asgeirsson.

V

Das Schiff landete nach kurzer Fahrt im Borgarfjord an der Hvitamündung. Kjartans Vater eilte herbei, um seinen Sohn zu sehen, und ebenso Kalfs Vater Asgeir, der mit seiner schönen Tochter Hrefna angereist kam. Inzwischen hatte Kjartan von Bollis und Gudruns Hochzeit gehört, und alle Welt wunderte sich, wie ruhig er die Nachricht entgegengenommen hatte.

Kjartan und Kalf besaßen die Schiffsladung gemeinsam, und Kalf lud seine Schwester ein, sich etwas Schönes daraus auszusuchen. Sie stöberte in den Kisten und Säcken und fand endlich das Tuch der norwegischen Prinzessin. Als sie es sich umlegte, bat Kalf sie erschrocken, es wieder in der Kiste zu verstauen: Dies sei das einzige Stück an Bord, auf das er kein Anrecht hätte. Aber es steht ihr doch gut, sagte Kjartan, der eben dazugekommen war, und eigentlich hätte ich am liebsten beides, das Tuch und das Mädchen. Du sollst mich nicht verspotten, Kjartan, sagte Hrefna, so wie die Dinge liegen, würde jedes isländische Mädchen gern deine Frau werden und jedes norwegische auch. Ich meine es ernst, sagte Kjartan, aber ich habe keine Lust, lange auf eine Antwort zu warten.

Kalf und seine Familie zogen wieder in den Norden und verabschiedeten sich freundschaftlich von Kjartan.

Kjartan und Bolli waren noch nicht wieder aufeinandergetroffen, und Kjartan und Gudrun auch nicht. Aber Osvifr und Olaf pflegten ihre Freundschaft, indem sie sich regelmäßig besuchten, und nun war es wieder an der Zeit für die Leute von Hjardarholt, nach Laugar zu reiten. Ich komme nicht mit, sagte Kjartan zu Olaf, ich habe dort nichts zu schaffen. Du tätest mir aber einen Gefallen, wenn du mich begleiten würdest, sagte Olaf, und außerdem ist es an der Zeit, dass du mit deinem Ziehbruder wieder so umgehst wie zuvor.

Kjartan zog sich den bunten Anzug an, den er einst als Geschenk vom norwegischen König erhalten hatte. Er schmückte sein Pferd und sein Gefolge und trug die prunkvollsten Waffen, die er besaß. Bolli empfing ihn herzlich und ehrte ihn auf dem Fest in jeder Weise. Als es zum Abschied kam, sagte Bolli zu Kjartan, er wolle ihm seinen berühmten weißen Hengst und drei Stuten schenken, edle Tiere, die in Island nicht ihresgleichen hatten. Nett von dir, sagte Kjartan, aber ich verstehe mich nicht recht auf Pferde. Nimm sie, sagte Bolli, ich bitte dich darum. Aber Kjartan meinte, sie sollten besser bleiben, wo sie waren.

Als das Jahr zu Ende ging, zog Kjartan in den Norden, wo im Vididalur südlich des Hunafjords sein Neffe Hall wohnte, der Sohn seiner Schwester Thurid. Auch sein alter Handelspartner Kalf war gekommen und hatte seine Schwester Hrefna mitgebracht. Eines Abends setzte sich Thurid zu Kjartan und bat ihn, sich endlich Gudrun aus dem Kopf zu schlagen, um seiner selbst, aber auch um Bollis willen. Dein Ziehbruder hat es verdient, glücklich zu werden, und das kann er nur, wenn zwischen euch wieder die alte Freundschaft ist, sagte sie. Übrigens solltest du heiraten, und was du im letzten Sommer zu

Hrefna gesagt hast, war vielleicht übereilt, aber in der Sache richtig.

Thurid redete noch lange auf ihn ein, später setzte sich Kjartan zu Hrefna, und am nächsten Tag wurden Boten zu Hrefnas Vater Asgeir geschickt, er möge zu Hall ins Vididalur kommen, er werde dort gebraucht. Als er angekommen war, ging Kjartan gleich zu ihm und hielt um Hrefnas Hand an. Das zu hören freut mich sehr, sagte Asgeir, aber was sagst du dazu, Hrefna? Ich habe nichts dagegen, Vater, aber du solltest hier entscheiden.

Die Hochzeit wurde im nächsten Sommer gefeiert. Kjartan schenkte Hrefna Ingibjörgs Tuch. Es heißt, dass beide sehr ineinander verliebt waren.

VI

Immer noch sprachen Osvifr und Olaf wechselseitige Einladungen aus, aber die Freundschaft zwischen den Höfen war nicht mehr so groß wie früher. Einmal kamen die Leute von Laugar nach Hjardarholt, und Kjartan brüskierte Gudrun, indem er für seine Frau Hrefna den Ehrensitz an der Tafel forderte, den sonst immer Gudrun eingenommen hatte. Am Ende der Feier stellte er fest, dass sein bestes Schwert gestohlen worden war, und einer seiner Späher sah, wie Gudruns Bruder Thorolf die Waffe heimlich ins Moor warf. Weil sein Vater Olaf ihn darum bat, ließ Kjartan die Sache auf sich beruhen. Aber als beim Gegenbesuch in Laugar Hrefnas kostbares Tuch verschwand, konnte sich Kjartan nicht mehr beherrschen. Er forderte von Bolli Entschädigung für den Diebstahl, aber Gudrun antwortete, dass niemand Buße dafür bezahlen sollte, dass Hrefna nicht besser auf ihre Sachen aufpassen könne. Im

Übrigen schadet es nichts, dass sie jetzt nicht mehr überall damit angeben kann, sagte Gudrun.

Das Tuch wurde nie wieder gesehen, und die Besuche zwischen Hjardarholt und Laugar fanden damit ein Ende.

Das war zu Winterbeginn. Als die Nächte am längsten waren, nahm Kjartan sechzig Männer und ritt nach Laugar. Er umzingelte das Haus und ließ drei Tage lang keinen Menschen hinein- oder herausgehen. Weil der Abtritt aber in einem Verschlag in einigem Abstand gebaut worden war, mussten die Bewohner von Laugar ihre Notdurft während der gesamten Zeit im Haus verrichten. Gudruns Brüder ärgerten sich sehr über diese Schmach, aber Bolli bat sie, vorerst nichts gegen Kjartan zu unternehmen.

Etwas später wollte Bolli Land von seinem Nachbarn kaufen und wurde sich mit ihm rasch einig. Es waren aber zu wenig Zeugen zugegen, so dass der Vertrag noch nicht in Kraft getreten war. Als Kjartan davon erfuhr, ritt er mit einigen Kriegern zu dem Verkäufer und zwang ihn, das Land für dieselbe Summe an ihn zu übertragen.

Die Kunde von diesem Handel drang rasch bis nach Laugar. Ich glaube, du musst dich entscheiden, sagte Gudrun zu ihrem Mann. Entweder du nimmst den Kampf endlich auf, oder du verlässt besser diesen Bezirk. Bolli schwieg.

Einige Tage später kam eine Frau nach Laugar, die kurz zuvor zufällig Kjartan getroffen hatte. Er reitet in den Norden, nach Hol am Breidafjord, sagte sie, mit einem einzigen Begleiter, und er erzählt von nichts so gern wie von dem Tag, als er dir, Bolli, das Land vor der Nase weggeschnappt hat.

Kein Wunder, dass er sich alles herausnimmt, sagte Gudrun, wenn sich niemand zur Wehr setzt.

Am nächsten Morgen weckte sie ihren Bruder Ospak und mahnte ihn, Kjartan für seine Frechheiten zu bestrafen, jetzt, wo er in ihrer Gegend ohne seine Krieger unterwegs war. Ospak rief seine Brüder zusammen.

Du solltest mit dabei sein, Bolli, sagte Gudrun. Er ist mein Vetter, sagte Bolli, und sein Vater hat mich aufgezogen.

Du tust, was du tun musst, und lässt sein, was zu viel für dich ist, sagte Gudrun. Aber wenn du meine Brüder jetzt nicht begleitest, packst du besser deine Sachen und verlässt meinen Hof.

Bolli ging mit den Osvifrssöhnen und einigen Gefährten. Sie waren zu neunt, als sie in einem Tal auf Kjartan trafen, der in der Zwischenzeit noch einen weiteren Begleiter mitgenommen hatte. Kjartan erschlug einen Mann und kämpfte so wild, dass alle vor ihm zurückwichen, obwohl seine Gegner weit in der Überzahl waren. Allerdings war sein Schwert aus schlechtem Stahl, und er nutzte jede Gelegenheit, es wieder zurechtzubiegen. Bolli hielt sich abseits. Was ist los, schrie Kjartan ihm zu, du solltest in den Kampf eingreifen, auf welcher Seite auch immer. Auch Ospak schrie, Bolli sollte endlich tun, wozu er gekommen sei, nämlich Kjartan zu erschlagen.

Bolli nahm sein Schwert und richtete es auf Kjartan. Der wehrte sich nicht. Bolli schlug ihm eine tödliche Wunde, und Kjartan fiel vornüber, direkt auf ihn zu. Bolli hielt ihn auf seinem Schoß, als er starb. Dann schickte er alle fort, um mit Kjartans Leiche allein zu sein.

VII Als Bolli zu Gudrun kam, sagte sie, dass sie beide an diesem Tag schon viel geleistet hätten: Sie selbst hätte zwölf Ellen Garn gesponnen, und er hätte Kjartan erschlagen. Du musst mich nicht daran erinnern, sagte Bolli, und ich glaube doch, du wärest weniger aufgewühlt, wenn Kjartan noch lebte und ich in meinem Blut läge. Nein, sagte Gudrun, schon wenn ich mir vorstelle, in welchem Zustand Hrefna heute Abend ins Bett geht, bin ich zufrieden. Und natürlich, weil ich gesehen habe, dass du meinen Bitten folgst.

In Hjardarholt versammelten sich Kjartans Brüder, um sofort nach Laugar zu reiten und Rache zu nehmen. Olaf wusste das zu verhindern und beschützte auch später Bolli soweit es ging. Schließlich erreichte er, dass die Söhne Osvifrs geächtet wurden und Island verlassen mussten, Bolli aber eine hohe Geldbuße entrichtete. Kjartans Brüdern und seiner Mutter Thorgerd war das nicht recht, aber sie mussten sich Olafs Willen fügen.

Hrefna zog zu ihren Verwandten in den Norden und verheiratete sich nicht wieder. Sie starb einige Jahre später.

Auch Olaf starb, und sein Sohn Halldor übernahm den Hof Hjardarholt.

VIII Olafs Witwe Thorgerd wollte sich mit Kjartans Tod nicht abfinden und bedrängte ihre Söhne, endlich Rache zu nehmen. Als sie erfuhr, dass Bolli in dieser Zeit nicht in Laugar war, sondern mit wenigen Männern auf einer Hütte in den Bergen, um Heu zu machen, trieb sie ihre vier Söhne, deren Vetter Bardi und vier weitere Männer an, die Gelegenheit zu nutzen. Sie selbst wollte auch dabei sein, wenn es Bolli, ihrem Ziehsohn, an den Kragen ging. Sie warteten in der Nähe der

Hütte, bis Bolli alle Männer zu verschiedenen Arbeiten losgeschickt hatte, dann kamen sie bis vor die Tür und berieten, wie sie nun weiter vorgehen sollten. Als Bolli ihre Stimmen hörte, schickte er Gudrun aus der Hütte. Sie wollte bei ihm bleiben, aber er ließ es nicht zu, und so ging sie hinunter zum Bach, um Leinen zu waschen.

Einen Mann erschlug Bolli, einen zweiten verwundete er, der dritte stieß seinen Speer durch Bollis Schild und Leib. Nun drangen alle in die Hütte ein, auch Thorgerd, und obwohl Bolli aufrecht stand und seinen Mantel um sich schlang, damit die Eingeweide nicht aus seinem Bauch fielen, forderte Thorgerd, dass jemand Bollis Leben rasch ein Ende mache, besser früher als später. Ihr Sohn Steinthor schwang seine Axt und schlug Bollis Kopf ab.

Draußen wartete Gudrun auf sie. Sie fragte, was genau sich in der Hütte ereignet hätte, prägte sich jedes Gesicht genau ein und lächelte nur, als Helgi, einer der Mörder ihres Mannes, dessen Blut von seiner Speerspitze mit ihrem Tuch wegwischte.

Gudrun mochte nicht mehr in der Nähe der Leute von Hjardarholt wohnen und bat daher den Goden Snorri, der ein Freund der Familie, ein mächtiger Mann und ein überall bekannter Ratgeber war, seinen Hof gegen ihren zu tauschen. Snorri ging darauf ein, und Gudrun zog mit ihren Söhnen Thorleik und Bolli und mit ihrem alten Vater Osvifr nach Helgafell.

Einer ihrer Nachbarn hieß Thorgils Hallasson, der zwar mit dem Goden Snorri verfeindet war, aber Gudrun spüren ließ, dass er um sie werben würde, wenn sie es erlaubte. Snorri aber hatte andere Pläne. Er wollte, dass sein Schützling Thorkel Eyjolfsson Gudrun heiraten würde, der gerade auf Handelsfahrt in Norwegen unterwegs war. Als sich Snorri zwölf Jahre nach

Bollis Tod mit Gudrun traf und sie ihm von ihrem Wunsch erzählte, ihren Mann endlich gerächt zu sehen, riet er ihr zu einer List. Sie solle Thorgils das Versprechen geben, keinen anderen in Island lebenden Mann als ihn zu heiraten, falls er sich zum Werkzeug ihrer Rache machen ließe. So geschah es, und Thorgils zog mit Gudruns Söhnen Thorleik und Bolli, um Helgi zu überfallen, der seinerzeit Gudruns Mann mit seinem Speer durchbohrt hatte. Am Ende von Thorgils' Fahrt war es der zwölfjährige Bolli Bollason, der mit dem Schwert seines Vaters dessen Mörder Helgi erschlug.

Thorgils ging nun zu Gudrun, um sie an ihr Versprechen zu erinnern. Ich danke dir für deine Tat, sagte Gudrun, aber ich werde dich nicht heiraten und keinen anderen Mann, der sich jetzt auf Island aufhält. Wenn ich überhaupt noch einen vierten Mann nehme, dann Thorkel Eyjolfsson, der seit Längerem unterwegs ist. Du hast mich betrogen, sagte Thorgils, und das wirst du bereuen, vor allem aber Thorkel und jener andere, der dir diesen Rat gegeben haben muss, ich meine den Goden Snorri.

Ich kann dir da nicht helfen, sagte Gudrun.

Wenig später starb Osvifr und wurde auf dem Friedhof von Helgafell begraben. Auch der weise Gest starb. Vor seinem Tod hatte er ebenfalls um ein Grab auf Helgafell gebeten, weil er voraussah, dass dieser Ort noch tausend Jahre später als ein besonderer Platz angesehen werden würde. Gudrun ließ ihn in Osvifrs Grab legen.

Thorgils wurde auf dem nächsten Thing erschlagen, gerade als er die Buße für den Mord an Helgi entrichten wollte.

IX Nun heiratete Gudrun ihren vierten Mann, Thorkel Eyjolfsson, weil der Gode Snorri ihr dazu riet und weil Thorkel der reichste und vornehmste Bauer weit und breit war. Ihre Ehe dauerte viele Jahre. Eines Tages träumte Thorkel, sein Bart hätte sich über den gesamten Breidafjord erstreckt. Was bedeutet der Traum? fragte er Gudrun. Was glaubst du denn? fragte sie zurück. Ich denke, dass ich noch mächtiger werde und mit meinem Einfluss bald den gesamten Breidafjord beherrsche, sagte er. Wenn du dich nur nicht irrst, sagte sie, und dein Bart Bekanntschaft mit dem Wasser des Fjords macht.

Einige Zeit später ertrank Thorkel im Breidafjord, als er eine Ladung Bauholz nach Hause schaffen wollte, obwohl ein Sturm an diesem Abend über dem Meer tobte. Zur selben Stunde war Gudrun in Helgafell auf dem Weg zur Kirche. Im Eingang sah sie ein Gespenst, das sich zu ihr herunterbeugte. Ich bringe schlimme Nachrichten, wisperte es. Die will ich nicht hören, sagte Gudrun und ging mit festem Schritt an ihm vorbei. Auf einmal sah sie Thorkel und die, die mit ihm auf dem Schiff gewesen waren vor der Kirchentür. Ihre Kleider waren feucht, und das Wasser rann in großen Strömen an ihnen herunter. Sie sprachen kein Wort, und Gudrun ging in die Kirche. Als sie zurück kam, war niemand mehr da, und zuhause erfuhr sie, was geschehen war.

Gudrun war alt geworden. Sie lebte nun mit ihrer Enkelin Herdis zusammen und verbrachte viel Zeit betend in der Kirche. Eines Nachts träumte Herdis, dass eine Frau zu ihr kam, die in einen dicken Wollmantel gehüllt war, unter dessen Kapuze ihr Gesicht fast vollständig verschwand. Deine Großmutter, sagte die Frau, quält mich jeden Tag, wenn sie ihre heißen Tropfen auf mich fallen lässt, unter denen ich verbrenne. Sag ihr, sie soll

GUDRUN
OSVIFSDOTTIR
1008

das lassen. Du bist zwar auch ein sehr seltsames Kind, aber ich weiß nicht, wer mir sonst helfen kann.

Als Herdis Gudrun von dem Traum erzählte, ließ diese den Kirchenboden an der Stelle aufstemmen, an der sie immer zum Gebet kniete. Man fand die schwarzen Knochen einer Frau, der ein Zauberstab mit ins Grab gegeben worden war. Das Skelett wurde an einer einsamen Stelle in den Bergen ein weiteres Mal begraben. Von da an war Ruhe.

X

Bolli Bollason, Herdis' Vater, war ein bedeutender und reicher Mann geworden. Er hing sehr an seiner Mutter und besuchte sie oft. Eines Tages bat er sie um die Erlaubnis, sie etwas sehr Persönliches fragen zu dürfen. Frag, sagte Gudrun. Sag mir doch, welchen Mann du am meisten geliebt hast, bat Bolli. Thorkel war der mächtigste, dein Vater der tüchtigste, Thord Ingunsson der klügste unter ihnen. Und an Thorvald, meinen ersten Mann, erinnere ich mich nur noch wegen der Ohrfeige, die er mir gab.

Du weichst aus, Mutter, sagte Bolli, wenn du hier deine Gatten miteinander vergleichst. Welchen Mann hast du am meisten geliebt?

Den habe ich am meisten geliebt, dem ich das schlimmste Schicksal bereitet habe, sagte Gudrun.

Dann weiß ich Bescheid, sagte Bolli.

Gudrun starb kurze Zeit darauf und liegt auf dem Friedhof von Helgafell begraben.

Die Augen des Wiedergängers

oder Die Saga vom starken Grettir

Eine Moränenlandschaft mit kindskopfgroßen, moosbewachsenen Steinen. Der Horizont ist weit, in der Ferne weiden ein paar Schafe, ganz in der Nähe bohren sich die Fjorde in Islands Nordküste. Eine Abzweigung der breiten Küstenstraße führt ins Vatnsdalur. An einem Reiterhof drängelt sich eine ausgelassene Besuchergruppe um eine Herde Islandpferde. Als sie vorüber sind, fängt es an zu regnen. Die Gegend wird einsam, das Tal zieht sich um den Fluss in seiner Mitte zusammen, und irgendwann läuft der Weg einfach aus. Ein friedlicher Hof auf der Ostseite des Tals, ein Fohlen kommt heran, schließlich erscheint ein junger Mann, an seiner Seite seine kaum ältere Schwester, und stellt sich als der Bauer vor. Dann weist er auf einen grasbewachsenen Absatz auf der Wiese jenseits des Flusses. Dort, sagt die Überlieferung, stand damals das Wohnhaus von Thorhallsstadir. Nach Grettirs Abenteuer ließ man es lieber verfallen und errichtete den Neubau in sicherem Abstand zur Ruine. Unten am Fluss steht ein Angler. Die Dämmerung lässt lange auf sich warten. Wie mag das im Winter sein, wie kommen solche Geschichten zustande, und was tut man hier, wenn die Angst vor der Dunkelheit übermächtig wird?

I

Als Grettir merkte, dass ihm die Kleider am Körper festfroren, war es schon fast zu spät. Verfolger hatte er keine zu fürchten, ein Schneesturm fegte durch die Täler im Schatten der großen Gletscher, und niemand, der ein Zuhause hatte, wagte sich in dieser Nacht vor die Tür. Der Himmel war pechschwarz, wenn nicht die Wolkendecke für einen Moment aufriss und der Mond erschien, doch Grettir, den eine weiße Schicht von Kopf bis Fuß bedeckte, hob sich trotz seiner gewaltigen Statur nicht weiter von der Landschaft ab. Er selbst sah keine drei Schritte weit, und wenn es hier je einen Weg gegeben hatte, dann war er im Schnee verschwunden. So hielt sich Grettir in der Mitte zwischen den beiden Gletschern und setzte seit Stunden einen Fuß vor den anderen, ohne aufzublicken.

Im hohen Schnee kostete es ihn immer neue Überwindung, die Lederschuhe aus den scharfkantigen Löchern zu befreien, die sich bei jedem Schritt bildeten. Dass er allein hier durch das menschenleere Hochland ging, war schlecht, denn mit der Dunkelheit kamen die Bilder wieder. Da war der Alte, dessen Grabhügel er geplündert hatte und der in seinem Rücken die Hand nach ihm ausstreckte, um sich sein Schwert zurückzuholen. Die Frau, der er drei Söhne erschlagen hatte und die ihm auflauerte, um ihm die Fingernägel in die Augäpfel zu bohren. Die beiden bezechten Brüder von Gard, die in den Flammen schlagartig nüchtern wurden und zu schreien begannen, nein, weil sie erkannten, dass ihnen nicht mehr zu helfen war. All dies war Grettir nur allzu vertraut. Und jedes Mal, wenn die Bilder vor ihm vorbeigezogen waren, wurde es noch schlimmer. Dann wuchsen aus der Dunkelheit Glams Augen: groß, schrecklich starr, unbeirrt, und Grettir hörte wieder Glams Stimme, die ihm zuflüsterte, dass er immer bei ihm sein werde, vom Abend bis zum Morgen, dass er der Zeuge seiner geheimsten Taten sein werde, seiner Schwüre, seiner Verbrechen, und dass noch in seiner Todesstunde Grettir niemand so nahe sein werde wie er, der Schafhirt, der Wiedergänger von Thorhallsstadir, dem Grettir einst das Genick gebrochen hatte.

Schritt für Schritt laufen und bloß nicht nachdenken, das war das Einzige, was er tun konnte. Aber das Blöken, das aus dem nächsten Tal kam, zeigte ihm, dass mit dem umtriebigen Glam nicht zu spaßen war.

Schritt für Schritt durch den Schnee, Gespensterschafe hin oder her. Nur dass sein Fuß jetzt nicht mehr im Eis versank, sondern im Matsch. Das Tal, das sich vor Grettir auftat, war selbst jetzt, mitten im Winter, fahlgrün, und die fetten Hammel, die auf den Hängen weideten, sahen nicht aus, als wären sie einem Albtraum entsprungen. Weiter unten sprudelte eine heiße Quelle, ein Dornengestrüpp bot Schutz vor dem Sturm. Grettir fing einen Hammel, nahm ihn aus, machte Feuer und briet das Tier, und das in den Flammen zischende Fett bezeugte besser als alles andere, dass dieses Schaf keiner Vision entsprungen war. Als er satt war, lehnte sich Grettir hinter den Dornen gegen einen Fels, das Schwert neben sich. Dann endlich kam der Schlaf.

Thorir mochte ihn nicht wecken. Er sah dem struppigen Mann, der in sein Tal gekommen war, an, dass er Schlimmes durchgemacht hatte. Weil er aber auf dem Grasboden lag, der von der heißen Quelle gewärmt wurde, bildete sich um Grettirs Rücken ein Schmelzwassersee, während der Bart immer noch steif gefroren war. Als Thorir den Fremden ins Trockene zerren wollte, fuhr der hoch und suchte zwischen den Hammelknochen nach seinem Schwert. Thorir beruhigte ihn. Er wolle ihm nichts Böses, sagte er, und wenn er unbedingt mit ihm raufen müsse, wäre es besser, wenn er erst mal wieder zu Kräften käme. Im Übrigen, fuhr er fort, weil der Fremde immer noch misstrauisch schaute, gäbe es in diesem Tal niemanden außer ihm und seinen Töchtern, und als Troll sei er sowieso nicht an Urteile gebunden, die von den Menschen beim Thing beschlossen wurden – denn dass sein Gast geächtet sei, wolle er doch wohl nicht abstreiten? Hier jedenfalls, in Thorisdalur, bestimme nur einer über das Schicksal der Bewohner: er, Thorir, sein Gastgeber. Und der lade ihn nun ein, seine stinkenden Lumpen abzulegen und mit ihm in der heißen Quelle zu baden.

Einen Winter lang lag Grettir am Feuer oder im Wasserbecken der Quelle, ließ sich die fetten Hammel schmecken und alberte mit Thorirs Töchtern herum. Er baute sich eine Hütte aus Holz und schlief in dieser Zeit nie allein, deshalb schlief er fest und traumlos. Bis er sich wieder ganz erholt hatte, schwieg er meist, und sein Gastgeber ließ ihn in Frieden. Dann aber bat ihn der Troll um eine Geschichte gegen das Grau des Winters und den eintönigen Sturm. Er wisse keine außer seiner eigenen, sagte Grettir. Dann die, baten Thorirs Töchter. Und so erzählte Grettir jeden Abend von seinen Abenteuern und Fahrten, von seinem Unglück und wie er nun schon seit vielen Jahren allen, die ihm nachstellten, entkommen war. Er war es nicht mehr gewohnt, von sich zu sprechen, und vieles, was er sagte, blieb dunkel. Niemand unterbrach ihn, aber manchmal drückte ihm eine der Töchter verstohlen die Hand.

Dies ist seine Geschichte.

II Wenn es dunkel wurde auf Bjarg, wo Asmund Haerulang mit seiner Familie wohnte, erzählte man sich im Licht der Feuerstelle von Önund Ofeigsson, Asmunds Großvater, Grettirs Urgroßvater, der einst aus Norwegen nach Island gekommen war, um dem Zorn König Harald Lufas zu entgehen. Önund hatte als junger Mann im Kampf ein Bein verloren, und viele seiner Feinde verspotteten ihn deshalb als Krüppel, wenn sie ihm gegenüberstanden. So lange wenigstens, bis er sich einen Holzklotz unter den Beinstummel schieben ließ und einen Gegner nach dem anderen erschlug. Bevor er ganz nach Island übersiedelte, besuchte er ein letztes Mal den Hof in Norwegen, den er geerbt hatte und wo nun einer von Haralds Männern wirtschaftete. Önund schaffte alles, was sich mitnehmen ließ, auf sein Schiff, und verbrannte den Rest. Dann segelte er mit seinen Leuten davon.

Das meiste Land an den Ufern der geschützten Fjorde Islands war damals schon verteilt. Önund bekam aber vom reichen Eirik Snara etwas Land im Nordwesten, im Reykjafjord, und ließ sich dort nieder. Später, nach einem Streit um einen gestrandeten Wal mitten in der schlimmsten Hungersnot, verließ Önunds Sohn Thorgrimm den Fjord und siedelte sich etwas südlich des Midfjords auf Bjarg an. Er wurde wohlhabend, zankte sich aber oft mit seinem Sohn Asmund, den er faul und frech fand und schließlich fast ohne einen Zehrpfennig ziehen ließ.

Aber Asmund, der ein schöner Mann war, groß und stark und stolz, wurde in Norwegen durch einige vorteilhafte Geschäfte so reich, dass er dort in eine vornehme Familie einheiraten konnte. Er bekam einen Sohn, der Thorstein Dromund genannt wurde. Als seine Frau bald darauf starb, ließ er den Jungen bei Verwandten in Norwegen und fuhrt zurück nach Island, wo er ein zweites Mal heiratete und nach dem Tod seines Vaters Thorgrimm den Hof Bjarg übernahm. Damals war das Christentum auf die Insel gekommen.

Grettir war das zweite von fünf Kindern, die Asmund mit seiner zweiten Frau Asdis auf Bjarg großzog: Der Älteste, Atli, war freundlich und überall beliebt, Grettir dagegen war schwierig und verschlossen. Dabei sah er mit seinem runden Gesicht, den roten Haaren und den vielen Sommersprossen nicht übel aus, aber er war empfindlich auf seine Ehre bedacht und so streitsüchtig, dass ihm viele lieber aus dem Weg gingen. Mit seinem Vater geriet er oft aneinander. Als er zehn Jahre alt war, ließ Asmund ihn die Gänse von Bjarg hüten. Grettir hielt das für eine Schande, und als sich ihm die Tiere widersetzten, brach er den Alten die Flügel und den Jungen das Genick. Die überlebenden Gänse schnatterten lauthals, bald erfuhr Asmund davon und ließ Grettir holen. An diesem Tag, so heißt es, hätte der Zehnjährige vor allen Hausgenossen sein erstes Stegreifgedicht gesprochen:

Junge Gänse bring' im Herbst,
Ich um Hals und Hirn
Selbst den Alten biete ich
Ganz allein die Stirn.

Das ist nicht nötig, antwortete Asmund, es findet sich schon eine andere Arbeit für dich. Fürs Erste sollst du mir abends am Feuer den Rücken kratzen. Grettir tat das widerwillig, und als Asmund ihn einmal dabei antrieb, nahm Grettir einen Wollkamm aus Walfischbein und zog ihn seinem Vater mit solcher Wucht über den Rücken, dass Asmund aufheulte und versuchte, nach seinem Sohn zu schlagen. Asdis, die Grettir sehr liebte, hatte Mühe, die beiden zu trennen. Grettir aber, der bei dieser Gelegenheit sein zweites Stegreifgedicht machte, drohte darin, sich bis aufs Blut gegen Asmund zu wehren. Auch dieser Streit trug sich vor aller Augen zu.

Als ihm danach die Pferde von Bjarg zum Weiden übergeben wurden, war Grettir zufrieden. Nur dass er dabei besonders auf Asmunds Lieblingsstute Kengala achten sollte, ärgerte ihn: Er durfte tagsüber nur dann mit den Tieren wieder in den Stall gehen, schärfte Asmund ihm ein, wenn die wetterfühlige Kengala das Zeichen dazu gab. Das tat sie selbst im tiefsten Winter nicht, als Grettir fror und sich an das Herdfeuer von Bjarg wünschte. Eines Morgens sprang er auf Kengalas Rücken und zog ihr mit dem Messer einen Streifen Fell ab. Jetzt wollte das Tier in den sicheren Stall. Asmund sah, was Grettir getan hatte, bestrafte ihn aber nicht und gab ihm danach keine besonderen Aufgaben mehr auf Bjarg.

Grettir wuchs heran und war wegen seines aufbrausenden Wesens in der gesamten Nachbarschaft gefürchtet. Als er einmal mit seinem Verwandten Thorkel Krafla an Asmunds Stelle zum jährlichen Thing ritt, verlor er seinen Proviantsack. Skeggi, ein Knecht, fand ihn im Gras und wollte ihn nicht mehr herausgeben. Als Grettir darauf bestand, wollte Skeggi ihn mit der Axt erschlagen, doch Grettir wehrte den Hieb ab und tötete Skeggi. Das sei eine böse Sache, sagte Thorkel Krafla, als er davon erfuhr. Er sei ja bereit, die Buße für den Mord an Grettirs Stelle zu entrichten, aber die übrige Strafe könne er ihm nicht ersparen. Grettir wurde auf dem Thing für drei Jahre in die Verbannung geschickt. Sonderlich bedrückt schien er nicht. Und als er wegritt, hielt er kurz an und zog sein Hemd aus, um vor den Augen der versammelten

Isländer einen schweren Felsbrocken in die Luft zu heben. Nun kannte jeder seinen Namen, und als er sich wenig später nach Norwegen einschiffte, wünschten ihm viele eine gute Reise. Und hofften, dass er anderswo sein Schicksal finden und nicht nach Island zurückkehren würde.

Asmund wollte ihm keine Waffe mitgeben, nur etwas Nahrung und gerade genug Wolle, dass sich Grettir damit als Kaufmann durchschlagen konnte. Seine Mutter Asdis aber nahm ihn beiseite und gab ihm Jökulsnaut, das schön verzierte Schwert seines Urgroßvaters. Ich glaube, du wirst es brauchen, sagte sie, aber benutze es mit Bedacht.

III Grettir fuhr mit Haflidi, einem Freund seines Vaters, der mit seiner Knörr außer Grettir auch einige Kaufleute mit ihren Waren beförderte, denn im Bauch des Schiffs war viel Platz für Ladung und Leute. Als sie die Südwestspitze Islands umsegelt hatten und auf dem offenen Meer ostwärts fuhren, kamen sie immer wieder in schwere See. Alle Männer schöpften Wasser, Grettir aber hatte sich einen Platz im Beiboot gesucht und verließ ihn nur, um mit der schönen Frau des Steuermanns zu tuscheln oder Witze über die Mühe der anderen zu machen: Wie sie im Sturm quer durchs Boot geworfen wurden! Wie sie eilig und ungeschickt das Segel einholten, wenn eine Bö aufkam! Und wie sie ewig nasse Füße hatten, weil sie mit dem Schöpfen gar nicht nachkamen!

Er soll damit aufhören, sagten die Männer zu Haflidi, und der lief zu Grettir. Hör auf, sagte er, es könnte sonst sein, dass sie dich beim nächsten Spruch über Bord werfen. Das sollen sie mal versuchen, sagte Grettir. Tu es für mich, sagte Haflidi, die

Fahrt ist schwer genug, ich möchte keinen Unfrieden auf meinem Schiff. Aber wie soll das gehen, fragte Grettir, entschuldigen werde ich mich nicht. Ich weiß, sagte Haflidi, aber es könnte helfen, wenn du auch mich in deinen Gedichten verspottest. Von mir aus, sagte Grettir, und als das Schiff bald wieder wild in den Wellen schaukelte, rief er laut einen Vers auf Haflidi durch den Sturm:

Fette Dickmilch löffelte
Haflidi einst bei sich zuhaus
Jetzt hat er zweimal was davon
Sein Frühstück kommt ihm wieder raus

Es reicht, sagten die Kaufleute zu Haflidi, das soll er büßen. Später, sagte Haflidi, vielleicht wenn wir an Land sind. Aber auf dieser schwierigen Fahrt will ich mich nicht auch noch um Grettirs unverschämte Reden kümmern. Das wollen wir auch so halten, sagten die Kaufleute.

Die See ging höher und höher, die Knörr ächzte im Sturm und war überall leck. Das Wasser hatte im Kiel längst die Waren durchnässt und stand kniehoch. Haflidi bat Grettir um Hilfe, und der stellte sich zu den andern, nahm zwei Schöpfeimer und arbeitete so fleißig, dass vier Männer die Eimer kaum so schnell ausleeren konnten, wie er sie ihnen gab. So freundeten sie sich an, und Grettir war bis zur Ankunft in Norwegen einer der Eifrigsten, wenn es an Bord schwere Arbeit zu verrichten gab. Sie strandeten im Nebel vor der Insel Haramarsey, wo Thorfinn Karsson mit den Seinen lebte. Er half den Kaufleuten, ihre Ware zu bergen, und während sie weiter in den Süden zogen, blieb Grettir fürs Erste bei Thorfinn. Er schwieg und

Sturm vor
ISLAND

beobachtete alles: die Insel, das Meer, Thorfinns Leute und eine unbewohnte Landzunge, auf der Abend für Abend ein Feuer brannte. Das sei, sagte man ihm, der Grabhügel von Kar, Thorfinns Vater, der hier in der Gegend spuke. Und Grettir fasste einen Entschluss.

IV Stockfinster war es im Gang, der durch die Erdschicht nach innen führte, und muffig. Grettir stieß immer wieder auf dem Boden an Dinge, die er für Pferdeknochen hielt, aber ganz sicher war er sich nicht. Er hatte ein Seil am Eingang befestigt und behielt das andere Ende in der Hand. Als sich seine Augen an die Dunkelheit gewöhnt hatten, sah er, wie sich der Gang zu einer Kammer weitete. In ihrer Mitte stieß Grettir gegen eine Stuhllehne, der Sitz wackelte, und ein Körper wackelte mit. Seelenruhig ergriff Grettir, was er an Gold und Silber fand, und zog schließlich eine kleine Kiste unter den Füßen des Sitzenden weg. Er nahm wieder das Seil und lief dem Ausgang entgegen.

Dann spürte er eine Hand auf der Schulter.

Grettir ließ den Schatz fallen und drehte sich um. Sein Gegner versuchte ihn zu würgen, die Finger kalt, die Nägel viel zu lang. Er war so stark, dass Grettir sich fallen lassen musste, um ihn abzuschütteln. Er kroch in den Gang, aber der andere umklammerte seinen Knöchel und zog ihn zurück in die Kammer, bis Grettir ihn wuchtig gegen die Brust trat. Ein Tierknochen geriet ihm in die Hand, und als er damit blindwütig ins Dunkel hieb, traf er damit so hart auf seinen Feind, dass ihm die Splitter ins Gesicht stoben. Der andere ließ los, Grettir zog Jökulsnaut und hieb damit sichelförmig durch die Luft. Das Schwert traf auf Widerstand, blieb stecken, wurde nach vorne gerissen, aber Grettir hielt es fest, bis es sich von selbst lockerte und etwas Grauenhaftes schwer zu Boden fiel.

Der andere rührte sich nicht mehr. Grettir tastete so lange, bis er den abgeschlagenen Kopf fand, und legte ihn der Leiche an die Hinterbacken, damit der Tote nie mehr zum Leben erwachen würde. Dann sammelte er die Schätze ein und ging am Seil entlang bis zum Ausgang der Höhle. Diesmal folgte ihm keiner.

Als er wieder in Thorfinns Stube kam, legte er den Schatz auf den Tisch. Thorfinn nahm alles an sich, auch ein prächtiges Schwert, das Grettir gern behalten hätte. Mein Vater Kar, sagte Thorfinn, wollte es mir nicht schenken und auch nicht vererben. Er hat es mit in den Hügel genommen. Wenn du es haben willst, musst du es dir verdienen.

Von diesem Tag an sah man keine Flamme mehr über Kars Grab. Und als Grettir im folgenden Winter Thorfinns Hof vor einer Gruppe beutegieriger Berserker beschützte, schenkte ihm sein Gastgeber dafür das Schwert aus dem Hügel. Grettir könne jederzeit Zuflucht bei ihm finden, sagte Thorfinn. Grettir dankte ihm für das Geschenk und das Versprechen.

V Es wurde Frühling, und Grettir fuhr nordwärts die Küste entlang nach Vagar, wo damals ein großer Markt abgehalten wurde. Grettirs Ruf hatte sich bereits durch ganz Norwegen verbreitet, und viele wollten in Vagar mit ihm Freundschaft schließen. Er blieb den Sommer über dort. Im Herbst fragte ihn Thorkel, ein Bauer und Seefahrer aus der Region Salpti im Halogaland, ob er nicht den Winter über bei ihm bleiben wolle. Als sie dort ankamen, wurde Grettir auch von allen anderen gut aufgenommen, nur nicht von Björn, einem von Thorkels Hausfreunden. Das sei also der berühmte Grettir, sagte Björn, man werde ja sehen, wer von ihnen beiden im Frühling noch hier sein werde. Grettir sagte nichts. Was er denn seinem Gastfreund mitgebracht hätte, wollte Björn wissen, und ob es auf Island üblich sei, mit leeren Händen zu Besuch zu kommen? Zwei starke Arme und ein scharfes Schwert, sagte Grettir. Tief hast du nicht in die Tasche gegriffen, sagte Björn. Wir werden sehen, was deine Geschenke taugen, wenn Berserker im Fjord landen, sagte Grettir.

Ein Stück von Thorkels Hof entfernt war eine Höhle im steilen Fels über dem Meeresstrand, in der ein Bär seinen Winterschlaf gehalten hatte, aber Björn hatte ihn durch lautes Rufen und Singen geweckt. Jetzt lief er hungrig durch die Gegend und riss ein Schaf nach dem anderen. Björn versuchte, den Bären nachts zu erlegen, aber das Tier witterte ihn und kam ihm auf dem schmalen Pfad, der von seiner Höhle zum Strand führte, so wütend entgegen, dass Björn nur mit knapper Not entkam und seinen Schild einbüßte. Einige Zeit später rief Thorkel seine Gäste und sein Gefolge zusammen. Sie liefen nachts zur Höhle, richteten aber gegen das Tier nichts aus, weil sie auf dem Pfad nicht alle gleichzeitig mit ihm kämpfen konnten. Björn warf Grettirs Mantel in die Höhle, und als sie beschlossen, wieder nach Hause zu gehen, verspottete Björn Grettir, weil er ganz ohne Bedeckung durch die Winterkälte gehen musste. Grettir sagte nichts, sondern wartete, bis Thorkel und die anderen hinter einer Wegbiegung verschwunden waren. Dann lief er zurück, kämpfte mit dem Bären und rang mit ihm, so dass sie am Ende eng umschlungen hinunter auf den Strand fielen. Dort durchbohrte Grettir ihn mit seinem Schwert Jökulsnaut.

Jetzt müsse sich Björn aber für sein Reden entschuldigen, sagte Thorkel, als Grettir eine abgeschlagene Bärenpfote und seinen zerrissenen Mantel auf den Stubentisch warf. Ich denke nicht daran, sagte Björn. Es wird schon zu einem Ausgleich kommen, sagte Grettir. Thorkel bat ihn, die Sache aufzuschieben, bis sie beide nicht mehr auf seinem Hof seien. Das versprach Grettir.

Einige Monate später trafen Grettir und Björn zufällig in einem Hafen der Trondheimbucht aufeinander. Björn bekam es mit der Angst und bot Grettir Buße an, aber der ließ sich nicht darauf ein und erschlug ihn. Dann reiste er zu Thorfinn, denn Björns Bruder Hjarrandi hatte bei Svein, dem Fürsten von Trondheim, Klage gegen ihn erhoben. Svein hieß Grettir und Thorfinn zu sich kommen, hörte sich die Sache an und urteilte dann, dass Björn sein Schicksal selbst herausgefordert hätte. Thorfinn bot eine Geldbuße an, aber Hjarrandi wollte davon nichts hören und verließ zornig die Halle des Fürsten. Wenig später überfiel er Grettir mit einer Axt auf offener Straße in Trondheim, doch Grettir setzte sich zur Wehr, bis Hjarrandi tot am Boden lag. Jetzt führte Gunnar, Björns anderer Bruder, den Streit fort, und als Grettir auch diesen getötet hatte, wurde Fürst Svein so zornig auf Grettir, dass der nur mit knapper Not davonkam. Schließlich verließ er Norwegen und fuhr wieder nach Island. Er war jetzt achtzehn Jahre alt.

VI

Asmund nahm ihn anders auf, als er ihn fortgeschickt hatte: Grettirs Ruhm war bis nach Island gedrungen, und außerdem führte er viele kostbare Geschenke mit sich, die er in Norwegen bekommen hatte. Weil Asmund alt geworden war, hatte er den Hof Bjarg an Atli übergeben. Grettir half ein bisschen mit, aber es wurde ihm schnell langweilig, und eines Tages sprach jemand von Audun Asgeirsson, der im Vididalur wirtschaftete. Ihn kannte Grettir noch von früher. Und er erinnerte sich, wie Audun ihn einmal beim Ringen besiegt hatte, als sie beide Knaben waren.

Er putzte sich heraus: mit der schönsten Wolle, dem glänzendsten Schild und dem Schwert, das er aus Kars Hügel geholt hatte. Sein Pferd trug einen kostbar verzierten Sattel, den ihm Thorfinn hatte machen lassen und auf dem Grettirs norwegische Abenteuer dargestellt waren. Er ritt allein ins Vididalur und traf Audun bei der Feldarbeit an, in alten Kleidern und verschwitzt, mit Gräsern im Haar und zwei Säcken mit Skyr in den Armen. Als er an ihm vorbeilief, stellte ihm Grettir ein Bein, so dass Audun hinfiel. Der stand auf, nahm einen der Säcke und bespritzte Grettir von oben bis unten mit der Molke. Dann rangen sie miteinander, und der wütende Grettir gewann bald die Oberhand über den zurückhaltenden Audun. Erst Bardi Gudmundarson trennte sie, ein junger Bauer aus der Nachbarschaft. Er sorgte dafür, dass sie nicht als Feinde voneinander abließen. Grettir war darüber zornig. Du verstehst dich wirklich aufs Vermeiden von Kämpfen, sagte er zu Bardi, deshalb hast du ja auch deinen Bruder Hall immer noch nicht gerächt. Falls du das doch irgendwann noch mal in Angriff nehmen solltest, begleite ich dich gern.

Bardi sagte, das sei ihm recht. Er müsse sich aber noch mit seinem Ziehvater Thorarin darüber abstimmen und werde Grettir dann eine Botschaft senden, wie die Entscheidung ausgefallen sei.

In der Zwischenzeit machte sich Grettir mit seiner Rauflust neue Feinde – darunter den starken Thorbjörn Öxnamegin und dessen Verwandten Thorbjörn Ferdalang, die Grettir einmal daran hinderten, mit einer Gruppe von Bauern aus der Nachbarschaft zu kämpfen. Grettir nahm das den beiden sehr übel. Als er dann aber noch erfuhr, dass Bardi ohne ihn an den Borgarfjord geritten war, um seinen Bruder Hall zu rächen, wollte Grettir ihm auf dem Rückweg auflauern und mit ihm kämpfen.

Bardi und seine Leute bluteten aus vielen Wunden. Es gibt keinen Grund zu kämpfen, sagte Bardi, wir haben keinen Streit miteinander. Du bist ein Feigling, Bardi, sagte Grettir, aber er sah, dass er allein gegen eine so große Überzahl nichts ausrichten könne. Miss deine Kraft mit einem anderen, sagte Bardi, ich bin es leid. Und während Grettir nach Hause zu Atli ritt, dachte er darüber nach, wo er noch einen würdigen Gegner finden könne.

Auf Bjarg blieb er nicht lange, sondern ritt in den Norden, traf Audun und schloss endlich Frieden mit ihm. Er ritt weiter und besuchte seinen Onkel Jökul Bardarson, der im Vatnsdalur wohnte. Dort hörte er endlich von einer Aufgabe, die zu ihm passte. Eine Aufgabe, der keiner außer ihm gewachsen wäre. Eine Aufgabe mit hohem Risiko und dem Versprechen des allerhöchsten Ruhms: Es ging darum, den Hof Thorhallsstadir im Forsoeludalur von einem bösartigen und gewalttätigen Geist zu befreien, dem Schafhirten Glam, der dort im Dienst gewesen und ums Leben gekommen war und nun auf dem Hausdach herumritt und Tieren und Menschen den Hals umdrehte. Grettir beeilte sich. Mit einem Wiedergänger hatte er es schließlich schon einmal aufgenommen. Was sollte ihm groß passieren?

VII Und, was ist dir groß passiert? fragten Thorirs Töchter. Aber Grettir schwieg und fuhr erst Tage später mit seiner Geschichte fort.

VIII Glam war schon zu Lebzeiten kein angenehmer Mensch gewesen. Als Geist war er unerträglich. Je dunkler es draußen wurde, umso mehr wuchs seine Macht über das Forsoeludalur. Thorhall, der Bauer, fand niemanden mehr, der bei ihm dienen wollte, und wenn es doch einmal einer wagte, Thorhalls Schafe auf den einsamen Hängen zu hüten, kam er entweder mit irrem Blick und weißen Haaren zurück, unfähig, irgendetwas von dem zu berichten, was ihm widerfahren war. Oder man fand ihn, das Gesicht grässlich auf den Rücken gedreht, im Gras.

Grettir konnte unterwegs von solchen Geschichten nicht genug kriegen. Er richtete es so ein, dass er kurz vor dem Julfest in Thorhallsstadir eintraf, um den Dämon auf dem Höhepunkt seiner Kraft zu erleben.

Er fand nur Thorhall dort, niemanden sonst. Seine Tochter war aus lauter Angst in diesem Herbst gestorben, seine Frau war zu ihren Verwandten im Norden gezogen, von seinen Leuten hatte keiner bei ihm bleiben wollen. Und Thorhall, der sich in sein Schicksal gefügt hatte, riet Grettir, nicht unter seinem Dach zu übernachten, es könne ihm Schlimmes geschehen. Auf jeden Fall werde er sein Pferd einbüßen, denn Glam besuche besonders gern die Ställe.

Pferde gibt es genug, sagte Grettir, aber Gespenster sind selten.

In der ersten Nacht geschah nichts Außergewöhnliches, und

Thorhall glaubte schon, dass sich der Spuk verzogen hätte. Wir werden sehen, sagte Grettir.

In der zweiten Nacht hörte man, wie etwas über die Maßen Großes und Schweres auf dem Dach ritt und dabei laut jauchzte und sang. Dann hörte man Lärm aus dem Stall. Nicht einmal Grettir mochte nachsehen. Am nächsten Morgen fand man Grettirs Pferd mit zertrümmerten Knochen auf dem Lehmboden zwischen zwei Boxen. Noch im Tod waren seine Augen vor Angst riesengroß.

In der dritten Nacht versteckte sich der Bauer unter einem Holztisch, während Grettir auf seinem Bett lag und ein Fell mit Händen und Füßen fest über sich gespannt hielt. Gegen Mitternacht ging ein gewaltiges Ächzen durch das Haus, und eine riesige Gestalt schob sich zur Tür hinein. Der Kopf hatte gerade unter dem Dachgebälk Platz, der Geist stützte sich mit beiden Armen auf den Querbalken und schaute neugierig hinein. Dann sah er das Fell über der Bettstelle und wollte es mit einem Ruck an sich reißen. Der Widerstand erstaunte ihn. Er zog ein zweites Mal, und diesmal riss das Fell mitten entzwei. Während Glam sich noch wunderte, war Grettir aufgesprungen und hatte ihm die Arme um den Brustkorb geschlungen. Jetzt rangen sie miteinander, beide wussten, dass es ums Ganze ging, beide rissen und zogen und würgten, und es sah aus, als ob Glam die Oberhand behalten würde, denn er zerrte Grettir nach draußen in den Hof, der abwechselnd vom Mond beleuchtet und dann wieder stockfinster war, wenn eine Wolke vorüberzog.

Als Grettir endlich den Wiedergänger zu Boden warf, war es gerade so dunkel, dass man die Hand nicht vor den Augen sah. Grettir setzte sein Knie auf den Hals des Gegners. In diesem Augenblick riss die Wolkendecke wieder auf, und der Mond schien

Glam direkt ins milchig verschwommene Gesicht, aus dem die Augen wie blankpolierte Stahlkugeln herausstachen. Und zum ersten Mal ließ der Geist seine Stimme hören.

Schön, sagte Glam, dann hast du mich also besiegt. Keiner hat dich dazu gezwungen, hierherzuommen, du hast dir so viel Mühe gegeben, mich hier zu treffen, und dein Ruhm ist mit dem heutigen Tag sicher gewachsen. Trotzdem sage ich, dass dir das nichts als Kummer bringen wird. Du wärst mit den Jahren doppelt so stark geworden wie jetzt, wenn du nur fortgeblieben wärst, und was dir sonst zum Verdienst geworden wäre, wird dich nun in den Augen der Menschen herabsetzen. Friedlos wirst du sein, ein Mörder, verfolgt von allen, die auf Island –

Bist du bald fertig, unterbrach Grettir ihn und war selbst erstaunt darüber, dass seine Stimme zitterte.

Gleich, flüsterte Glam, nur eines noch. Schau mich an.

Das tat Grettir.

So wie du jetzt meine Augen siehst, sagte Glam, wirst du sie immer sehen, wenn es dunkel ist. Ich werde immer bei dir sein, was du auch tust. Der stärkste Mann Islands wird Nacht für Nacht wimmern wie ein Säugling, weil er mich an seiner Seite weiß. Bis an dein Lebensende wirst du dich im Dunkeln fürchten. Und –

Grettir riss sein Schwert aus der Scheide und trennte Glams Kopf vom Rumpf, mitten im Satz. Blut floss nicht, aber der Schnitt war wie durch zähes Leder. Dann legte Grettir den Kopf auf Glams Hinterbacken. Am nächsten Morgen verbrannten er und der überglückliche Thorhall den Leichnam und füllten die Asche in ein Ledersäckchen, das sie hoch oben auf dem Hang an einer unzugänglichen Stelle vergruben. Man sagt, dass dort bis heute kein Gras wächst und dass im Winter der Schnee dort nicht liegen bleibt.

Grettir mochte nicht länger bei Thorhall bleiben. Er ging für den Rest des Winters zu seinem Bruder Atli nach Bjarg und entfernte sich nie mehr als ein paar Schritte vom Herdfeuer. Thorhall aber nahm alle Balken von dem Spukhaus und schaffte sie auf die andere Seite des Flusses, wo er sich ein neues Haus baute. Nach ein paar Sommern war über der alten Hofstelle am Hang eine Wiese gewachsen.

IX

Wenn es dunkel wurde, bekam Grettir fürchterliche Angst, und umso mehr kostete er den Tag aus. Als der Frühling kam, hörte Grettir von einem norwegischen Seemann, der im Herbst mit seinem Handelsschiff nach Island gekommen war und nun zurückkehren wollte. Vielleicht werde ich meine ewige Angst los, wenn ich die Insel verlasse, dachte Grettir, und wenn der neue norwegische König, wie man hört, gute Krieger tatsächlich zu schätzen weiß, dann wird er mich vor allen anderen auszeichnen. Er schenkte seinem Bruder Atli das Schwert Jökulsnaut, ritt über die Berge nach Nordwesten bis zum Eyjafjord, wo das Schiff vor Anker lag, und einigte sich mit dem Norweger. Es dauerte einige Tage, bis alles gerüstet war. Unter den Passagieren war auch Thorbjörn Ferdalang, der vor aller Ohren über Grettir und dessen Vater spottete – Grettir, so sagte er, wäre damals beim Kampf mit den Bauern nur durch sein Eingreifen gerettet worden, und was den kindischen Sabbergreis Asmund angehe, der sei inzwischen vermutlich im eigenen Herdfeuer erstickt. Ich wäre lieber vorsichtig, sagte Grettir. Oho, sagte Thorbjörn, der Herr Angsthase meldet sich zu Wort, nur gut, dass gerade die Sonne scheint, sonst hörte man von dir wahrscheinlich nur Wimmern und Greinen. Pass auf, Ferdalang, sagte Grettir, pass bloß auf. Jetzt krieg ich aber Angst, sagte Thorbjörn, aber da hieb Grettir schon nach ihm. Die Abwehr misslang, und Thorbjörns Kopf flog im hohen Bogen durch die Luft. Alle fanden, dass er das verdient hätte, und der Seemann versprach, Thorbjörns Verwandten das Fahrgeld zurückzugeben.

In Norwegen wollte Grettir sofort weiter nach Trondheim fahren, um König Olaf zu treffen. Aber weil das Wetter miserabel war, kamen sie nur bis zu einem Fjord in der Nähe von Stad. Der Regen peitschte sie, der Wind blies mit Macht, und sie hatten kein Feuer. Auf der anderen Seite der Bucht sahen sie von Weitem ein Licht. Aber keiner von den Kaufleuten wollte das Boot losmachen und herüberfahren, weil der Sturm so stark war. Sie klagten, sie jammerten, sie kamen schließlich auf Grettir und bestürmten ihn, das Feuer zu holen, und ob er denn nicht der stärkste Mann Islands sei? Wer, wenn nicht er könnte ihnen aus der Not helfen? Ich werde nur Ärger von der Sache haben, sagte Grettir, das weiß ich genau. Im Gegenteil, riefen die Händler, wir werden dich reich belohnen. Ihr könnt mir nicht ersetzen, was mich dieser Tag kosten wird, sagte Grettir. Dann zog er sich bis auf Hose und Hemd aus und sprang ins eiskalte Wasser.

Klamm und steif gefroren kam er auf der anderen Seite an. Dort hatten sich zwölf Isländer in einer Herberge versammelt, um besseres Wetter abzuwarten, darunter Thorgeir und Skeggi, die Söhne des reichen Thorir von Gard. Sie saßen im Warmen. Um sie herum hatte man große Ballen Stroh aufgeschichtet, sie tranken und sangen und kümmerten sich nicht um den Sturm.

Grettir stemmte die Tür auf und lief mit steifem Gang, die gefrorenen Haare in alle Richtungen abstehend, wortlos zum flackernden Feuer in der Mitte des Raums. Alle sprangen auf, um gegen den unheimlichen Gast zu kämpfen, aber der drängte sie weg, um ein paar brennende Holzstücke einzusammeln. Im Gewühl geriet das Stroh in Brand, dann die ganze Herberge, und während Grettir schon wieder zurückschwamm, die Scheite in einem Feuerkorb, starben die Isländer in den Flammen.

Am nächsten Morgen fuhren die Kaufleute ans andere Ufer des Fjords. Sie fanden nur noch die Asche des Gebäudes und die Knochen der Bewohner. Das ist deine Schuld, Grettir, riefen sie, und als sie hörten, dass unter den Toten Thorirs Söhne waren, bekamen sie Angst und jagten Grettir vom Schiff. Trotzdem gelangte Grettir nach Trondheim. Aber König Olaf hatte schon von dem Brand bei Stad gehört, und weil Thorir sein Freund war, raste er vor Zorn. Grettir schwur, dass er keine Schuld an dem Brand hätte, und wollte zum Beweis vor aller Augen einen weiß glühenden Schürhaken von einem Ende des Kirchplatzes zum anderen tragen. Olaf willigte ein.

Grettir fastete bis zum Tage des Gottesbeweises. Doch auf dem Weg zur Kirche kam ihm ein Mann entgegen, der ihn lauthals verspottete. Niemand kannte ihn, niemand konnte sagen, wie er ausgesehen hatte, und Grettir sprach später zu niemandem darüber als zu seinem Halbbruder Thorstein Dromund. Dem erzählte er in einer stillen Stunde, dass der Fremde auf dem Kirchplatz von Trondheim blitzartig seine Gesichtszüge gewechselt hätte und nacheinander aussah wie jeder einzelne Mann, den er je erschlagen hätte. Am Ende aber hätte ihn der Schafhirt Glam angegrinst, mit dem Finger auf ihn gezeigt und irgendetwas gewispert. Da hätte er mit der

Faust zugeschlagen. Im selben Moment sei der Fremde verschwunden.

Das Gottesurteil konnte nicht mehr stattfinden, weil Gewalt angewendet worden war, und für Grettir war es jetzt unmöglich geworden, seine Unschuld zu beweisen. Du kannst hier den Winter über bleiben, sagte König Olaf, dann musst du zurück nach Island. Und Grettir machte sich auf zu Thorstein Dromund.

Unterwegs wohnte er einige Zeit bei einem Bauern namens Einar. Als sie gerade das Julfest feierten, kam der Berserker Snaekoll mit seiner Räuberbande auf den Hof und verlangte Einars Tochter für sich. Wenn der Bauer sie nicht herausgeben wolle, müsse er eben mit ihm kämpfen – oder einer seiner Männer, zum Beispiel der Große, sagte Snaekoll, und zeigte auf Grettir. Ich? fragte Grettir und stellte sich ängstlich. Der Berserker tat, was Berserker tun, bevor der Kampf losbricht: Er rollte mit den Augen, bis man nur noch das Weiße sah, er brüllte wie ein verwundeter Bär und steckte den eisernen Schildrand in den Mund, um darauf herumzubeißen. Darauf hatte Grettir gewartet. Er trat von unten kräftig gegen den Schild, so dass der obere Rand Snaekolls Kiefer brach. Als Grettir den Berserker dann auch noch vom Pferd stieß und ihm den Kopf abschlug, rannten die anderen Räuber davon.

Ein paar Tage später kam Grettir bei Thorstein Dromund an. Der nahm ihn freundlich auf. Sie lebten zusammen und teilten alles. Einmal machte sich Grettir über Thorsteins dünne Arme lustig. Diese Arme werden dich einmal rächen, Bruder, wer immer dich erschlagen wird, sagte Thorstein. Man weiß nie was kommt, sagte Grettir.

Im Sommer fuhr er zurück nach Island.

X In der Zwischenzeit war Grettirs Vater Asmund gestorben. Atli hatte den Hof Bjarg geerbt und musste sich nun gegen Thorbjörn Öxnamegin wehren, der Grettir und seiner Familie wegen der Ermordung Thorbjörn Ferdalangs Feindschaft geschworen hatte. Einen Anschlag konnte Atli abwehren, als aber der starke Thorbjörn Öxnamegin selbst auf Bjarg auftauchte, wusste Atli, dass seine letzte Stunde geschlagen hatte. Thorbjörn stach mit seinem Speer nach ihm, und Atli schaute an sich herunter, auf die Klinge, die seinen Leib durchbohrt hatte. Sieh an, sagte er, jetzt trägt man also wieder breite Speere. Dann starb er, und Thorbjörn ritt davon. Niemand wagte es, ihn wegen des Mords an Atli zur Rechenschaft zu ziehen. Aber viele meinten, wenn erst Grettir wiederkäme, dann würde es Thorbjörn schlecht ergehen.

Die Nachricht über den Hausbrand war unterdessen von Norwegen nach Island gedrungen, und Thorir von Gard konnte den Tod seiner Söhne nicht fassen. Er raste und tobte und forderte auf dem Sommerthing die Ächtung Grettirs. Das erreichte er auch. Im Übrigen versprach er, den Kopf Grettirs mit Silber aufzuwiegen, denn er war reich und mächtig. Niemand außer Thorir fand, dass diese Sache rechtmäßig zugegangen sei, aber es fand sich keiner, der für Grettir eintreten und die Stimme gegen Thorir erheben wollte.

Das Schiff ankerte im Borgarfjord, wo die Hvita mündet. Die Hiobsbotschaften vom Tod Asmunds und Atlis und seiner eigenen Ächtung nahm Grettir scheinbar ungerührt auf. Er verkleidete sich und ritt heimlich zu seinem Freund Grim Thorhallsson am Fjord entlang nach Gilsbakki. Grim hatte schon mit Atli gegen die Männer Thorbjörn Öxnamegins gekämpft. Sieh dich vor, Grettir, sagte Grim, Thorbjörn wird immer stärker, und ich glaube nicht, dass deine Mutter noch lange so friedlich auf Bjarg wohnen kann. Wirst du mir helfen, wenn ich in Not gerate? fragte Grettir. Schon, sagte Grim, aber ich kann nicht riskieren, selbst geächtet zu werden.

Grettir ritt weiter, mitten in der Nacht, und seine Dämonen verfolgten ihn. Erst als er sich auf Bjarg bis zum Bett seiner Mutter Asdis getastet hatte, verließ ihn die Angst. Sie umarmten sich fest und schwiegen lange.

Drei Söhne habe ich geboren, sagte Asdis. Der eine ist tot, der zweite geächtet, und der dritte ist noch ein Knabe. Wer soll mir jetzt beistehen?

Ich weiß es nicht, sagte Grettir, aber das weiß ich, dass dein Sohn nicht ungerächt bleiben soll.

Er blieb noch einige Tage im Verborgenen auf Bjarg, dann ging er zum Hrutafjord und hörte sich unter Thorbjörns Nachbarn um. Schließlich ging er sogar zu Thorbjörns Hof Thorodds-stadir und fragte nach dem Bauern. Er ist hinter dem Hügel beim Moor und macht Heu, sagte ihm eine Frau. Er hat Arnor bei sich, seinen Sohn, der einmal den Hof erben soll. Grettir bedankte sich und ritt davon.

Als er über dem Moor auftauchte und Thorbjörn seine Silhouette sah, legte er die Sichel weg und sagte zu Arnor, er möge sich bereithalten, das könne nur Grettir sein. Grettir stieg vom Pferd und warf seinen Speer mit voller Wucht nach Thorbjörn, aber er traf ihn nicht. Wir wollen ihn in die Zange nehmen, sagte Thorbjörn zu Arnor, nimm das Beil, schleich dich an und hau ihm die Klinge zwischen die Schultern, ich will ihn von vorn beschäftigen. Grettir aber erschlug erst Arnor und dann den blind gegen ihn anrennenden Thorbjörn. Dann wischte er sein Schwert ab und ritt davon. Eine Magd, die auch auf dem

Feld gearbeitet hatte, rannte nach Thoroddsstadir und berichtete von dem Kampf.

Als Grettir wieder nach Bjarg gekommen war, lobte ihn Asdis für seine Tat. Es wird dir aber übel deshalb gehen, sagte sie. Und Grettir antwortete ihr mit einem Stegreifgedicht:

Thorbjörn hielt seine Sichel fest
weil Gras zu mähen war
Das Schwert von Atlis Rächer traf ihn gut
Jetzt liegt er still und starr

Sehr gut, sagte Asdis, und was wirst du jetzt tun? Ich werde dich nicht in Gefahr bringen, Mutter, indem ich auf Bjarg bleibe, sagte Grettir. Dann ritt er zu seinem Schwager Gamli, einem Nachbarn von Thorbjörn am Hrutafjord, und bat ihn, ein Auge auf die Dinge hier im Norden zu halten. Er selbst zog weiter in den Westen. Erst bei seinem Verwandten Thorstein Kuggason, der den Hof Ljarskogar am Ostufer des Hvammsfjords bewirtschaftete, kam er fürs Erste zur Ruhe.

XI Thorbjörns Bruder Thorodd Drapustuf hörte von dem Kampf, und weil Grettir sich vor seinem Verschwinden offen zu der Tat bekannt hatte, stand Thorodd bald mit großem Gefolge in Bjarg vor Asdis. Sie wisse nicht, wo ihr Sohn sei, sagte Asdis, und im Übrigen hätte Grettir nur das Unrecht ausgeglichen, das Thorbjörn Atli zugefügt hätte.

Bald darauf wurde auch im Norden bekannt, wo sich Grettir aufhielt, und Thorodd versammelte eine große Schar von Gefolgsleuten um sich, die mit ihm an den Hvammsfjord reiten sollten, um Grettir zu stellen. Als Gamli das hörte, sandte er einen Boten mit dieser Nachricht zu Thorstein Kuggason. Was willst du jetzt tun, fragte Thorstein seinen Gast. Grettir zuckte mit den Schultern. Vielleicht solltest du nach Tunga zum Goden Snorri reiten, sagte Gamli, und ihn um Hilfe bitten. Wenn das nichts fruchtet, weich in den Nordwesten aus und bleib so lange bei Thorgils Arason in Reykjaholar, bis die Sache gütlich geregelt ist.

Snorri versprach Grettir, seinen Einfluss für ihn zu gebrauchen, aber auf seinem Hof wolle er keinen Geächteten sehen. So ging Grettir zu Thorgils Arason. Die Leute, die sich mit ihm dort aufhielten, waren wüst und wild, und hätte Thorgils nicht allen eingeschärft, dass sie sich miteinander vertragen müssten, wenn sie bei ihm bleiben wollten, hätte leicht Schlimmes passieren können. Grettir gefiel es hier, und seit er einmal mitten im Winter einen fetten widerspenstigen Ochsen auf den Schultern in den Stall von Reykjahlar getragen hatte, bewunderten ihn alle wegen seiner Stärke.

Auf dem nächsten Allthing versuchte Thorgils mit Hilfe des Richters Skapti durchzusetzen, dass Grettirs Ächtung aufgehoben würde. Die Leute vom Hrutafjord sollten dafür auch keine Geldbuße für Atlis Ermordung leisten müssen, und vor allem glaubten viele, dass Grettir als Geächteter noch eine Menge Unheil stiften würde. Thorodd war einverstanden, aber Thorir von Gard brüllte, dass man eher das Kopfgeld für den Mörder seiner Söhne verdoppeln solle, als ihn aus Acht und Bann zu entlassen. Als Thorodd das hörte, tat er sich mit Thorir zusammen und setzte nun auch einen Preis auf Grettir aus. Der aber streifte im Nordwesten herum, stahl den Bauern die fetten Hammel und geriet oft in Not. Schließlich ging er wieder in den Süden zu Thorstein Kuggason, der ihn für einen Winter bei sich aufnahm. Weil Grettir aber keinen Handschlag freiwillig tat, setzte ihn Thorstein im Frühling wieder an die Luft. Grettir zog nun ins Gebirge, und wenn dort Menschen über die Pässe kamen, konnte es passieren, dass Grettir sie beraubte. Als er einmal den Richter Skapti besuchte und um Hilfe bat, sagte der, er könne nichts für ihn tun, solange Grettir fortwährend die Gesetze breche. Am besten sollte er sich bis auf Weiteres von allen Menschen fernhalten und selbst für sich sorgen.

Wie soll ich das? sagte Grettir, ich halte es allein nicht aus. In der Nacht fürchte ich mich zu Tode und finde keinen Schlaf, und wenn ich mich dann am Tag ein paar Stunden ausgeruht habe, kommt die Angst vor der Nacht zurück, sobald die Sonne sinkt. Im Sommer, wenn die Nächte kurz sind, denke ich an den Herbst, und wenn die Tagundnachtgleiche da ist, ist der Winter ganz nah. Und mit ihm die Wesen, die immer stärker werden, je dunkler es draußen ist.

Das wirst du wohl aushalten müssen, sagte Skapti.

Grettir besuchte nun Grim Thorhallsson auf Gilsbakki und berichtete ihm, was Skapti gesagt hatte. Grim fand, dass Skapti recht hätte, und dass Grettir sich gut von den Fischen ernähren könnte, die in den Teichen der einsamen Arnarvatnsheide lebten. Schweren Herzens brach Grettir dorthin auf.

XII

Auf der Arnarvatnsheide türmte Grettir in der Nähe eines Forellensees Lavabrocken zu einer Hütte auf. Er lebte dort allein, aber hin und wieder fanden andere Geächtete den Weg zu ihm. Grettir wies sie nicht ab, aber er sagte, er hätte nichts zu verschenken, und wer mit ihm essen wolle, müsse auch mit ihm arbeiten. Weil er aber unwirsch und misstrauisch war, hielt es kaum einer länger bei ihm aus.

Die Sache sprach sich herum, und Thorodd Drapustuf traf sich heimlich mit einem Geächteten namens Grim. Er versprach ihm Geld und zudem, dass er sich auf dem Allthing dafür einsetzen wolle, dass seine Acht aufgehoben würde, wenn es ihm gelänge, Grettir zu töten. Wir wollen sehen, sagte Grim. Dann wanderte er in den Süden zur Arnarvatnsheide und bat Grettir um Unterkunft. Du bist mir nicht geheuer, sagte Grettir, aber nichts ist schlimmer, als allein zu sein in dieser Wüste. Grim durfte bleiben, aber Grettir behielt ihn immer im Auge und trug seine Waffen bei sich. So ging das einige Monate lang. Als es Winter wurde, kam Grim einmal vom Fischen zurück, und Grettir stellte sich schlafend. Grim schlich sich an und griff nach Grettirs Schwert, aber der sprang auf, entriss ihm die Waffe und zwang ihn, seinen Pakt mit Thorodd zu verraten. Dann schlug ihm Grettir den Kopf ab. Später schickte ihm auch Thorir von Gard einen Geächteten auf den Hals, aber Grettir war auf der Hut und tötete auch diesen.

Grettir lebte nun schon mehrere Jahre auf der Arnarvatnsheide, ohne dass sich irgendetwas zum Besseren geändert hätte. Aber auch Thorir von Gard wurde immer unzufriedener, als er sah, dass er Grettir von allein nicht loswurde. Er rief achtzig Männer zusammen, um mit ihnen in die Heide zu reiten und der Sache ein für alle Mal ein Ende zu machen. Grim Thorhallsson schickte Grettir einen Boten, um ihn zu warnen, und der erwartete das Heer in einer engen Felsspalte, so dass Thorir seine Übermacht wenig half. Grettir erschlug sechs Männer, dann zog sich Thorir zurück. Grettir wunderte sich sehr, dass ihm niemand in den Rücken gefallen war. Er drehte sich um, da stand ein Fremder und nickte ihm zu, vor sich zwölf tote Männer aus Thorirs Heer. Bist du auch gekommen, um mit mir zu kämpfen? fragte Grettir. Ich bin Hallmund vom Balljökull, sagte der Fremde, und ich habe dir eben den Rücken freigehalten. Danke, sagte Grettir, und jetzt? Jetzt schlage ich vor, dass du mit mir zu meiner Höhle kommst, und den Winter über bei mir bleibst. Grettir willigte ein, und sie kamen gut miteinander aus.

In den nächsten Jahren kam Grettir im gesamten isländischen Westen herum, lebte hier und dort, bei Freunden, die ihn eine Zeit lang beherbergten und dann baten, zu gehen, oder auch in der Einsamkeit öder Hochplateaus und Höhlen. Er fing wieder an, die Bauern auszurauben, und mehr als einmal war man ihm hart auf den Fersen.

Dann wurde es wieder Winter, und weil er nirgendwo bleiben konnte, riet ihm Hallmund, den Weg über den Geitlandsjökull zu wagen. Davon, dass dieser Gletscher überquert werden kann, habe ich noch nie gehört, sagte Grettir. Es gibt einen Weg, sagte Hallmund, aber den findet man nur, wenn man durch einen Lochstein schaut. Ich habe keinen, sagte Grettir. Aber ich, sagte Hallmund, und es wäre besser, wenn du nicht mehr lange wartest.

Eine Stunde später kämpfte sich Grettir durch den Schneesturm. Er sah keine drei Schritte weit, und wenn es hier je einen Weg gegeben hatte, dann war er im Schnee verschwunden. So hielt sich Grettir in der Mitte zwischen den beiden Gletschern und setzte einen Fuß vor den anderen, ohne aufzublicken.

XIII

So bist du zu uns gekommen, sagten Thorirs Töchter.

THORISDALUR

XIV

Inzwischen war der Frühling ganz nah, sogar in Thorisdalur. Jeden Tag kam die Sonne ein bisschen länger hinter den Bergen hervor und stieg ein bisschen höher. Der kleine Bach in der Mitte des Tals war vom Schmelzwasser groß und hell geworden und plätscherte über die Kiesel. Grettir blickte ihm oft hinterher durch die Felsspalte, die das Tal nach Süden abschließt. Eines Tages packte er seine Sachen und ging zu Thorir und seinen Töchtern. Er bedankte sich für alles und sagte, dass es ihm mit ihnen so gut gegangen sei, dass er es nicht mehr aushalte. Fett bin ich geworden wie eure Hammel, sagte er, faul und zufrieden. Es wird Zeit, dass ich wieder einmal mit Menschen zusammentreffe, vor denen ich auf der Hut sein muss und mit denen ich mich messen kann. Und in der Nacht? fragten Thorirs Töchter. Du wirst wieder so unruhig schlafen wie damals, bevor du in unser Tal gekommen bist. Ich werde euch das nie vergessen, sagte Grettir. Dann ging er seiner Wege. Doch auf dem Pfad, der von Thorisdalur nach Süden führt, blieb er stehen und versteckte seinen Lochstein unter Lavabrocken, um eines Tages den Weg zurückzufinden.

Diesmal kam Grettir in ganz Island herum, er gelangte bis in die Ostfjorde und entkam immer wieder den Nachstellungen Thorirs von Gard. Im folgenden Winter klopfte er am Tag des Julfests auf dem Hof Sandhaugar im Bardardalur an. Er hatte gehört, dass dort in zwei Jahren zwei Männer einfach verschwunden waren, der Bauer und einer seiner Knechte, und wollte nach dem Rechten sehen. Ich heiße Gest, sagte er, und suche eine Unterkunft. Du kannst bei uns bleiben, sagte die Bäuerin, aber wenn dir hier ein Unglück begegnet, bist du selbst schuld. Willst du nicht mit deiner Tochter zur Weihnachtsfeier gehen? fragte Grettir. Schon, sagte die Bäuerin, aber die Kirche ist auf der anderen Seite des Tals, und der Fluss ist reißend und führt große Eisschollen mit sich. Ich sorge für euch, sagte Grettir, und trug die Bäuerin mit ihrer Tochter auf seinen Schultern durchs tiefe Wasser ans andere Ufer. Eisschollen, die auf ihn zutrieben, schob er mit der freien Hand zur Seite.

Er ging wieder zurück nach Sandhaugar und versammelte alle Bewohner im Haus. Bleibt in der hinteren Ecke, sagte er, dann passiert euch nichts. Er suchte alles zusammen, was er an Brettern und schweren Gegenständen finden konnte, und errichtete eine Trennwand zwischen den Leuten und sich.

Um Mitternacht sprang die Tür auf, und Grettir sah draußen im Schnee eine riesige Trollfrau stehen. Lauernd ging sie hinein, stürzte sich auf ihn, als sie ihn sah, zerrte ihn aus der Stube und rang mit ihm so lange, bis er alle Kräfte schwinden fühlte. Dann zog sie ihn an den Rand der Schlucht, in die der Fluss als Wasserfall Godafoss strömt. Grettir rang die ganze Nacht mit ihr, bis er endlich eine Hand frei bekam, um sein Schwert zu ziehen. Er schlug ihr den Arm ab und schaute zur Seite, als sie in den Wasserfall stürzte, weil er Angst vor ihren Augen hatte.

Am nächsten Tag ging Grettir zum Pfarrer und sagte, wer er wirklich sei. Du hast uns von einer Plage befreit, Grettir, sagte der Pfarrer, wir werden dich nicht verraten. Ich glaube nicht, dass die Plage ganz von euch genommen ist, sagte Grettir, und wenn du mir zum Wasserfall folgst, will ich es dir beweisen. Nimm aber ein langes und festes Seil mit.

Als sie zum Godafoss kamen, band Grettir einen Felsbrocken an das Seil und ließ ihn hinab ins Wasser. Dann bat er den Pfarrer, das Seil in die Hände zu nehmen und unter keinen Umständen loszulassen. Er gürtete sein Schwert um und kletterte am Seil in die Tiefe, bis er fast beim Wasserspiegel angelangt war. Dort bildete der Fels hinter dem Wasserfall eine Höhle, und als Grettir dort hineinkam, stürzte ihm ein Riese entgegen. Sie kämpften lange, bis Grettir seinem Gegner einen wuchtigen Schwerthieb in den Bauch beibringen konnte. Die Gedärme des Riesen flogen ins Wasser und kamen auf der anderen Seite des Wasserfalls wieder ans Licht. Als der Pfarrer sah, wie sich das Blut auf dem Fluss ausbreitete, glaubte er, Grettir hätte in der Höhle sein Ende gefunden. Er ließ das Seil los und rannte davon.

Inzwischen hatte Grettir begonnen, die Höhle des getöteten Riesen zu durchsuchen. Er fand Fischgräten und Holz, schimmlige Stoffreste, Feuersteine und zwei Kisten mit Geldstücken, Silberleuchtern und Zinntellern. Und die von allem Fleisch entblößten Knochen von zwei Menschen.

Grettir packte von den Schätzen ein, so viel er mitnehmen konnte, und wickelte die Knochen zusammen in ein Tuch. Dann zog er vorsichtig am Seil. Als er merkte, dass am anderen Ende niemand auf ihn wartete, kletterte er am feuchten Felsen empor und schleppte sich nach Sandhaugar, wo ihn die Bäuerin gut aufnahm. Grettir blieb bei ihr bis zum nächsten Frühling. Als die Bäuerin im Herbst ein Kind bekam, einen großen, hübschen Sohn, da hieß es, Grettir sei der Vater.

XV

Grettir hatte nun auf Island keine Zuflucht mehr. Nicht bei den Freunden, die ihm noch geblieben waren und die er in Gefahr brachte, wenn er sie besuchte. Und nicht in den einsamen Heidelandschaften, den Lavafeldern, den unwirtlichen Gletschern. Denn auch da wussten seine Feinde ihn zu finden, und wenn nicht Thorir von Gard oder Thorodd

GRETTIR

Drapustuf, dann die Dämonen, die ihn begleiteten und mit den Jahren immer stärker wurden. Manchmal kam er für ein paar Tage nach Bjarg zu Asdis, und einmal bat er sie um Rat, wohin er gehen solle. Ich weiß von einer Insel im Skagafjord, sagte sie, auf der nur Schafe und Seevögel sind. Sie heißt Drangey und ist so hoch und steil, dass sie ein Mann allein gegen Hunderte verteidigen kann. Ich kann aber nicht allein sein, sagte Grettir. Das hörte Illugi, sein jüngster Bruder. Ich möchte mit ihm gehen, Mutter, bat er, und bei ihm bleiben, bis seine Verbannung aufgehoben wird.

Das kann noch dauern, Illugi, sagte Asdis, und du bist erst 15 Jahre alt. Meinst du wirklich, dass dein Bruder dich brauchen kann?

Grettir wusste, wie sehr sie an Illugi hing, aber er wusste auch, dass er ohne ihn verloren wäre. Und Asdis wusste es auch. Sie nahm Abschied von den beiden und sagte ihnen, dass sie einander wohl nicht wiedersehen würden. Hütet euch vor Zauberei, denn anders könnt ihr auf Drangey nicht bezwungen werden. Und bleibt beisammen, trennt euch niemals, damit derselbe Tod euch finden möge. Grettir und Illugi versprachen es. Dann ritten sie in den Norden. Grettir trug seine Kapuze tief ins Gesicht gezogen, so dass ihn keiner erkannte.

Unterwegs sprach sie ein Knecht an. Ich heiße Glaum, sagte er, ich bin der Herr der tausend Späße, ich kenne tausend Sinnsprüche, tausend Rätselreime und tausend Spukgeschichten. Arbeiten mag ich nicht, aber wenn ihr mich mit euch ziehen lasst und mir zu essen gebt, vertreibe ich euch die Langeweile. Illugi sah den dürren Mann mit dem riesigen Kopf und den fadenscheinigen Lumpen zweifelnd an, aber Grettir lachte, schlug Glaum auf die Schulter und sagte: Du bist der Mann, den wir brauchen. Nur deine Spukgeschichten kannst du für dich behalten.

Sie kamen nach Reykir am Westufer des Skagafjords, und Grettir gab dem Bauern alles, was ihm vom Schatz aus der Höhle hinter dem Godafoss geblieben war, damit er sie nach Drangey brächte. Auf der Insel war alles so, wie Asdis gesagt hatte, und oben auf dem Felsen waren genug Schafe und Vögel, um die drei jahrelang zu ernähren. Grettir baute in einer Spalte eine Hütte, und wenn sie die Leiter einzogen, die vom Strand zum einzigen Aufgang zum Hochplateau führte, konnte ihnen niemand etwas anhaben. Hier sind wir sicher, sagte Grettir, hier wollen wir bleiben, bis meine Acht aufgehoben wird. Länger als zwanzig Jahre werden sie mich doch wohl nicht strafen wollen. Und fünfzehn habe ich schon rum.

Dann streckte er sich im Gras aus, befahl Illugi, ihn zu bewachen, und schlief traumlos zwei Tage lang.

XVI

Als die Bauern vom Skagafjord zu Johanni ihre Schafe zum Schlachten von der Insel holen wollten, sahen sie, dass dort nun Grettir hauste, und mussten von ihm hören, dass er nicht für Geld noch gute Worte Drangey verlassen oder wenigstens ihre Schafe herausgeben wollte. Sie warteten einige Monate, warteten ein Jahr und noch ein Jahr. Dann versammelten sich die Bauern, die Anteile an Drangey hatten, um sie an einen zu verkaufen, der sie haben wollte. Ihre Bedingung für den Handel war aber, dass der Käufer Grettir von der Insel vertreiben würde. Und nicht nur vertreiben: Sie wollten ihn tot sehen.

Der sie kaufte, hieß Thorbjörn Öngul und war der jüngere

Sohn eines Bauern, der spät ein zweites Mal geheiratet hatte und dessen Frau nun ihre Stiefsöhne schlecht behandelte, vor allem aber Thorbjörn mit ihrem Hass verfolgte. Thorbjörn bezahlte so gut wie nichts für die Anteile an Drangey, aber die Bauern machten ihm klar, dass sie sehr genau darauf achten würden, dass er seiner Verpflichtung nachkommen werde. Also fuhr Thorbjörn mit einem Boot voller Krieger auf die Insel und wollte Grettir dazu bringen, freiwillig abzuziehen. Grettir lachte ihn aus, und Thorbjörn fuhr wieder zum Festland.

Viele Geschichten erzählte man sich über das wüste Leben auf Drangey. Einmal, so heißt es, hätte Glaum das Feuer ausgehen lassen, und Grettir sah keine andere Möglichkeit, als heimlich an Land zu schwimmen und Glut zu holen. Es war eine weite Strecke, und als Grettir an der Küste des Fjords angekommen war, schlich er sich auf den Hof Reykir und setzte sich dort in die heiße Quelle, um sich aufzuwärmen. Dann ging er in die Stube und schlief auf der Stelle ein.

Am nächsten Morgen erwachte er von den Stimmen zweier Frauen, die in die Stube gekommen waren. Weil es dort so heiß war, hatte er nackt geschlafen, und die Frauen spotteten über sein kleines Glied. Von dem berühmten Grettir Asmundarson hätte ich da doch ein bisschen mehr erwartet, sagte die eine. Still, sagte die andere, wenn er nun aufwacht! Aber das ist doch wirklich zu komisch, sagte die andere, so ein starker Kerl, überall Muskeln, und dann das! Sie schlich sich näher, um Grettir noch genauer in Augenschein zu nehmen, doch der griff plötzlich nach ihr und zerrte sie auf die Bank, auf der er geschlafen hatte. Nun sollst du sehen, wie stark ich bin, sagte er und hielt sie fest, während die andere Frau eilig davonlief.

Später bat er den Bauern von Reykir, ihn mit dem Boot wieder nach Drangey zu bringen.

Inzwischen kam der Allthing wieder zusammen, und gegen den Widerstand Thorirs von Gard wurde Grettirs Acht auf zwanzig Jahre begrenzt. Im nächsten Jahr, so beschloss der Richter, sollte Grettir wieder unter den Isländern leben können und niemand dürfte ihm ungestraft etwas antun. Die Bauern vom Skagafjord hörten von diesem Spruch und bedrängten Thorbjörn Öngul, endlich etwas gegen Grettir zu unternehmen, bevor die Gelegenheit dazu verstreichen würde. Vertreibe ihn von der Insel, forderten sie, oder gib uns unsere Anteile zurück.

Thorbjörns alte Amme Thurid hörte von seiner Not. Rudere noch einmal zu Grettir, riet sie ihm, und nimm mich mit, aber bedecke mich in deinem Boot mit einem Bündel alter Kleider. So geschah es, Thorbjörn fuhr nach Drangey und bot Grettir neuerlich alle möglichen Güter an, wenn er nur von der Insel verschwinden wolle, und Grettir lehnte alle ab. Das wird dir schlecht bekommen, Grettir, rief die Alte, du wirst dafür büßen müssen. Grettir erschrak vor ihrer Stimme und meinte, dem Unheil, das sie ihm prophezeie, werde er nicht entgehen. Aber um sie dafür zu strafen, warf er einen großen Stein dorthin, woher die Stimme gekommen war, und brach Thurid damit den Oberschenkel. Ich fürchte, dass wir alle das entgelten müssen, sagte Illugi. Thorbjörn aber ruderte zurück.

Thurids Verletzung sollte nie mehr richtig verheilen. Als sie aber wenigstens das Bett verlassen konnte, bat sie Thorbjörn, sie zu stützen, damit sie zum Strand humpeln könne. Dort fand sie eine knorrige Wurzel. Thorbjörn musste sie für sie umdrehen, und die Seite, die nun zum Vorschein kam, war ganz glatt geschliffen. Thurid murmelte unverständliche Worte und ritzte Runen in das Holz. Dann sagte sie Thorbjörn, er solle den Strunk ins Meer stoßen. Und Thorbjörn sah, wie das Holz von unsichtbarer Hand nach Drangey geflößt wurde.

Als Grettir und Illugi am Strand von Drangey nach Treibholz suchten, fanden sie den Strunk. Den lassen wir liegen, Bruder, sagte Grettir, oder besser, wir schicken ihn dem zurück, der ihn uns gesandt hat. Er stieß ihn ins Meer.

Am nächsten Tag war die Wurzel wieder da, und Grettir warf sie wieder ins Meer. Am dritten Tag aber kam ein Sturm auf, Grettir schickte Glaum zum Holzsammeln, und der Knecht brachte den verzauberten Strunk in die Hütte. Als Grettir ihn zerteilen wollte, fuhr ihm das Beil ins Bein. Die Wunde entzündete sich, und Grettir ahnte, wer ihm das angetan hatte.

XVII

Glaum sollte Wache halten, doch er schlief tief und fest, und als Thorbjörn mit einer Schar bewaffneter Männer in der Nacht zur Insel kam, konnte er ihn mühelos überwältigen. Glaum führte sie zur Hütte, doch Illugi verteidigte sich und seinen Bruder so tapfer, dass er drei von Thorbjörns Männern erschlug, bevor er überwältigt wurde. Grettir fieberte, und seine Beinwunde schwächte ihn so, dass er sich nicht verteidigen konnte. Thorbjörn hieb ihm den Arm ab, um an sein Schwert zu kommen, dann nahm er es, um Grettirs Kopf vom Körper zu trennen, und brauchte dafür drei Schläge.

Illugi wollte ihm nicht schwören, dass er Grettir ungerächt lassen würde, darum tötete Thorbjörn auch ihn. Und Glaum wurde erschlagen, weil die Männer, die ihn gebunden aufs Festland bringen wollten, sein Geschwätz nicht mehr ertrugen.

DRANGEY

Thorbjörn ritt nun nach Bjarg und zeigte Asdis den Kopf Grettirs. Als aber bekannt wurde, dass bei dem Kampf Zauberei im Spiel gewesen war, gab es viele, die sich gegen Thorbjörn stellten, und auf dem nächsten Thing wurde er aus Island verbannt.

XVIII

Thorbjörn ging nach Norwegen und später nach Konstantinopel. Thorstein Dromund machte wahr, was er prophezeit hatte: Er folgte Thorbjörn und rächte seinen Halbbruder. Asdis aber lebte weiter auf Bjarg bis zu ihrem Tod, und niemand machte ihr den Besitz streitig.

Der Mordbrand von Örnolfsdalur

oder Die Saga vom Hühnerthorir

Es regnet seit Stunden. Die Straße nach Nordtunga ist kaum besser als eine Schotterpiste. Draußen, hinter den Scheiben, trotzen ein paar Zwergbirken dem Wetter. Ein Weg zweigt von der Straße ab, an seinem Ende eine schneeweiße Kirche unter dem grauen Himmel. Auf der anderen Seite hängt ein Briefkasten aus rundem Blech am Zaun. Das Haus unter roten Ziegeln ist sicher bewohnt, vor der Tür steht ein kleiner Traktor im Nieselregen, aber niemand öffnet. Wir fahren weiter, vorbei am Helgavatn, dem heiligen See, wo sich einst der Hühnerthorir niederließ, und vorbei an den Sommerhäusern der Angler. Der Wind wird stärker, ein Schild warnt vor freilaufenden Schafen und Lämmern. Oben auf dem Hügel liegt Örnolfsdalur: Wohnhäuser, Scheunen und viele Jeeps. Die Bewohner haben keine Lust, sich blicken zu lassen, nur hin und wieder erscheint ein Gesicht hinter dem Küchenfenster. Ein Hund bellt das Auto an. Und dann, im Wegfahren, ein kleiner Haufen klatschnasses Heu. Damit fing alles an.

I Wo Thorir herkam, wusste keiner. Eines Tages war er da, ein kleiner, stämmiger Mann mit pechschwarzen Haaren, der vom Breidafjord ins Hochland zog und zurück, der kaufte, verkaufte, tauschte. Irgendwann hatte er auch eine Schar Hühner bei sich, die er im Osten anbieten wollte, die gackerte schrill und übertönte jedes Wort, das Thorir sprach, als er beim reichen Blundketil in Örnolfsdalur anhielt, um Geschäfte zu machen. Von da an nannte man ihn überall den Hühnerthorir, denn Blundketils Knechte erzählten die Geschichte gern.

Beliebt war Thorir nicht. Trotzdem verschloss ihm keiner die Tür, weil er Waren herbeischaffte, die es sonst beiderseits der Hvita nicht gab: Leinen, sorgfältig gearbeitete Waffen, auch Ringe und Pelze aus Norwegen. In Notzeiten besorgte er Heu und Mehl und ließ sich dafür bezahlen, wenn die Ernte eingebracht war. Als er damit schließlich reich geworden war, kaufte er sich einen Hof am See im Tal, ganz in der Nähe von Blundketil, und wurde Bauer. Er machte es nicht anders als seine Nachbarn, trotzdem waren seine Kühe und Ziegen fetter, seine Wiesen trugen mehr Gras und seine Felder mehr Korn.

Eines Tages erschien er beim mächtigen Arngrim auf Nordtunga, der damals als einer der Goden über dem Bezirk stand. Thorir kam mit ansehnlichem Gefolge und trat so stolz auf wie immer, aber nicht ganz so schroff. Arngrim empfing ihn vor seinem Hof und bat ihn herein.

Ich bin gekommen, sagte Thorir, um deinen Sohn Helgi in meine Obhut zu nehmen. Ich will ihn behandeln wie mein eigen Fleisch und Blut und ihn alles lehren, was er wissen muss, um einmal der reichste Bauer dieser Gegend zu werden, reicher als Blundketil mit seinen dreißig Pächtern. Dafür sollst du mich schützen, wenn sich die alteingesessenen Hofbesitzer wieder gegen mich stellen, um mir das streitig zu machen, was ich mir erarbeitet habe.

Von dem Handel habe ich nichts, sagte Arngrim, und Helgi noch viel weniger. Dann will ich ihm die Hälfte meines Besitzes schenken, sagte Thorir, und der See auf meinem Land, den alle

HÜHNER
THORIR

nur Thorirs See nennen, soll von nun an Helgasee heißen. Du weißt, ich habe keine Frau, keine Kinder und kaum Verwandte, und ich bin reich. Wenn dein Sohn sich gut aufführt, soll er einmal mein Erbe sein. Die Hälfte jetzt, die Hälfte später: Willst du das ausschlagen, Arngrim?

Der Gode ließ Helgi mit Thorir ziehen und hielt seinen Teil der Abmachung so gut wie Thorir seinen. Wer von nun an sein Vieh auf Thorirs Weiden trieb oder Holz in Thorirs Wald schlug, musste damit rechnen, dass Arngrim ihn vor den Thing rief und bestrafte.

Es fiel in diese Zeit, dass Blundketil sich einen neuen Feind machte. Damals landete ein norwegisches Handelsschiff im Breidafjord, und wie immer ging Odd, ein anderer Gode des Bezirks, als Erster zur Bucht, um den Preis der Waren zu bestimmen. Der Kaufmann Örn aber war damit nicht einverstanden, und Odd sagte, Örn könne seine Güter entweder zu Odds Bedingungen verkaufen oder gar nicht. Er werde jeden, der trotzdem Handel mit Örn triebe, bestrafen. Und vor dem nächsten Neumond werde Örn wohl kaum wieder auslaufen können, so niedrig wie gerade die Flut stehe.

Blundketil hörte diese Geschichte von seinem Sohn Herstein, der am Breidafjord zu tun hatte. Weil ihn Odds Verhalten ärgerte und Örns Vater ein guter Freund von ihm war, schickte er 160 Pferde zur Bucht, in der Örns Schiff ankerte, und sorgte dafür, dass die Waren sicher in seinen Speichern eingelagert wurden. Odd hörte davon, ließ die Sache aber fürs Erste auf sich beruhen.

Der Sommer war heiß und trocken, die Heuernte fiel mager aus, und Blundketil ritt von Hof zu Hof, um seine Pächter zu warnen. Er sagte ihnen, wie viel Vieh sie schlachten sollten, damit das Heu für die Übrigen reichen werde, und er legte fest, wie viel Heu sie an ihn schicken sollten, denn auch er hatte viele Tiere zu versorgen. Der Winter wurde außerordentlich hart, und weil sich Blundketils Leute nicht an seine Anordnung gehalten hatten, reichte das Futter nicht. Blundketil half ihnen aus, so gut er konnte, und schlachtete noch einmal vierzig seiner eigenen Pferde, aber als der Frühling kam, war der Hunger so groß, dass er ihnen nichts mehr zu geben hatte. Warum sie sich denn nicht an den Hühnerthorir wendeten, fragte er zwei Pächter, die zu ihm gekommen waren, der hätte doch angeblich Heu im Überfluss? Der wolle nicht verkaufen, antworteten sie, und hätte ihnen das durch einen Knecht ausrichten lassen. Blundketil seufzte, dann machte er sich auf den Weg.

Es war ein kühler Tag, als Blundketil mit seinen Leuten von Örnolfsdalur herab zum Helgasee ritt, der Wind blies ihnen den Regen ins Gesicht, und als Thorir den Zug kommen sah, ging er ins Haus und warf die Tür hinter sich zu. Sein Ziehsohn Helgi meinte, er solle doch seine Besucher bei diesem Wetter nicht draußen warten lassen, und als Thorir in aller Seelenruhe weiterfrühstückte, ging Helgi hinaus, sprach freundlich mit Blundketil und öffnete ihm die Tür zu Thorirs Stube.

Der Hausherr fragte nicht, was seine Besucher von ihm wollten, und Blundketil tat so, als bemerke er diese neue Unhöflichkeit nicht. Wir wollen Heu bei dir kaufen, sagte er, und Thorir fragte, warum sein reicher Nachbar nicht selbst genug eingelagert hätte.

Es ist für die Pächter, sagte Blundketil.

Dann gib ihnen von deinem eigenen Heu und lass mich in Ruhe.

Ich will dich dafür bezahlen, sagte Blundketil, die Goden Odd und Arngrim sollen den Preis bestimmen.

Ich habe nichts zu verkaufen, sagte Thorir.

In diesem Frühjahr lebte Helgi schon ein paar Monate bei seinem Pflegevater. Über das, was er dort zu sehen bekam, sprach er gewöhnlich nicht, aber dass ihm Thorirs Art nicht passte, stand in seinem Gesicht. Blundketil winkte ihn beiseite. Stimmt das, fragte er den Jungen, hat der Hühnerthorir wirklich kein Heu über? Natürlich hat er, sagte Helgi, und führte die Besucher zu einer Scheune, in der mehr als genug eingelagert war, um das halbe Tal durch die Monate bis zur nächsten Ernte zu bringen. Blundketil ging zurück ins Haus.

Ich möchte dir dein überzähliges Heu abkaufen, sagte er.

Und wenn der nächste Winter noch übler wird als dieser? fragte Thorir.

Im Sommer bringe ich dir genauso viel Heu, wie ich jetzt von dir bekomme, und bezahle es dir außerdem.

Wie willst du das denn machen, wenn du schon jetzt zu wenig hast? Aber natürlich, du bist viel mächtiger als ich und kannst es mir einfach wegnehmen.

Ich zahle mit Silber.

Das will ich nicht, sagte Thorir.

Dann mit feinen Stoffen.

Ich will nicht. Ich habe übrigens auch keinen trockenen Lagerraum dafür.

Ich schlage den Stoff in Häute ein, die du behalten kannst.

Ich will nicht.

Dann, sagte Blundketil, nehmen wir dein Heu auch gegen deinen Willen.

Als Thorir am nächsten Morgen mit Helgi nach Nordtunga zu Arngrim ritt und Hilfe gegen Blundketil verlangte, fragte der Gode seinen Sohn, wie der die Sache sehe. Helgi sagte, Blundketil hätte sich anständig benommen, und Arngrim beschimpfte Thorir daraufhin für seine Halsstarrigkeit. Ich sehe, sagte Thorir, wenn es darauf ankommt, ist deine Hilfe nicht viel wert. Immerhin hat Blundketil uns beide bestohlen, denn das Heu gehört zur Hälfte deinem Sohn. Damit winkte er Helgi, und sie ritten weiter in den Süden, bis sie nach Breidabolstadur kamen, Odds Hof. Doch auch Odd wollte ihm nicht helfen, als er von Helgi hörte, wie sich Blundketils Besuch tatsächlich abgespielt hatte.

Odds Sohn Thorwald hatte ein paar Jahre zuvor sein Glück in Norwegen gesucht. Jetzt war er wieder im Norden Islands angekommen und auf dem Weg zurück nach Breidabolstadur. Die letzte Nacht vor seiner Ankunft bei Odd schlief er bei Arngrim in Nordtunga. Davon hatte Thorir Wind bekommen und erschien ebenfalls auf dem Hof, wie immer gemeinsam mit Helgi, der freundlich empfangen wurde, während sein Pflegevater kühl aufgenommen wurde. Thorwald sah, dass Thorir in Arngrims Haus nicht einmal einen Sitzplatz bekam, und lud ihn neben sich auf die Bank ein. Thorir klagte ihm sein Leid, dass er von Blundketil bestohlen worden sei und dass ihn die Goden in dieser Sache alleine ließen.

Stimmt das, Arngrim, fragte Thorwald. Wenn du mein Fürsprecher sein willst, Thorwald, dann schenke ich dir die Hälfte meines Vermögens, rief Thorir dazwischen. Thorwald schlug ein.

Und was willst du jetzt tun? fragte Thorir.

Ich will zu meinem Vater reiten und ihn um Rat fragen, sagte Thorwald.

Mein lieber junger Freund, sagte Thorir, allmählich glaube ich, dass ihr alle mein Geld bereitwillig nehmt und dann die Hände in den Schoß legt.

Ich tue, was ich kann, sagte Thorwald. Wir treffen uns morgen früh am Helgasee auf der Straße nach Örnolfsdalur.

Arngrim und Thorwald hatten dreißig Männer mitgebracht, Thorir brachte nur Helgi und einen Verwandten zum Helgasee. Dann ritten sie hinauf zu Blundketil, der sich wieder bereit zeigte, alle Forderungen Thorirs zu erfüllen und reichlich Buße zu leisten. Das ist doch ein gutes Angebot, sagte Thorwald. Wenn es nur um freiwillige Buße geht, sagte Thorir, das hätte ich schon längst ohne dich haben können. Ich will mein Recht. Jetzt tu mal was für mein Geld.

Ich fordere dich auf, rief Thorwald nun in Blundketils Richtung, zum nächsten Thing zu kommen, weil du ein gemeiner Räuber bist und schamlos den ehrenwerten Bauern Thorir um seine Ernte gebracht hast. Ich werde dich dort verklagen, damit du geächtet wirst und auf ganz Island keinen Frieden finden sollst.

Blundketil wurde rot vor Zorn und Scham, dass es einer wage, so mit ihm zu reden. Sein Freund, der Kaufmann Örn, sah das und schoss aus einem Fenster einen Pfeil in Arngrims Schar. Er traf Helgi, der von seinem Pferd zu Boden fiel und sofort tot war. Thorir beugte sich hinab und legte sein Ohr an Helgis Mund. Dann stand er auf und sagte, Helgi hätte ihn beschworen, Blundketil mit seinem Hof und allen seinen Leuten zu verbrennen. So geschah es. Als der Hof in Flammen stand, rief Blundketil nach draußen, ob man sich nicht doch noch gütlich einigen könne. Nein, rief Thorir zurück, Blundketil müsse jetzt brennen wie ein Huhn auf dem Rost. Er wartete mit Arngrim und seinen Leuten, bis es aus Örnolfsdalur kein Lebenszeichen mehr gab. Dann ritten sie nach Hause. Arngrim trug Helgi vor sich auf dem Pferd.

ÓRNOLFSDALUR
brennt

II Blundketils Sohn Herstein lebte bei seinem Pflegevater Thorbjörn. In der Nacht, als Arngrim und Thorir Örnolfsdalur überfielen, träumte Herstein, dass sein Vater vor ihm stehe, lichterloh brennend neben einem Wasserfass. Er selbst konnte keinen Arm rühren, um ihm zu helfen, und als er es schließlich doch schaffte, das Fass über Blundketils Kopf zu schütten, war sein Vater schon ganz schwarz gebrannt. Herstein weckte Thorbjörn und erzählte ihm seinen Traum. Sein Pflegevater sattelte die Pferde. Sie ritten nach Örnolfsdalur und fanden die rauchenden Balken des Wohnhauses und der Scheunen. Was sollen wir tun, fragte Herstein, wer hat das getan? Thorbjörn sagte, der Gode Odd auf Breidabolstadur hätte ihm oft versichert, er könne auf ihn bauen, wenn er in Not sei. Jetzt müsse sich zeigen, was das Versprechen wert sei. Sie ritten nach Süden ins Reykjardalur zu Odd, und als der erfuhr, was passiert war, sattelte er sein Pferd, um sich die Sache anzusehen. Als sie wieder bei der Ruine waren, griff sich Odd plötzlich einen glimmenden Ast und ritt damit rasch einmal um den Hof herum. Damit gehörte Örnolfsdalur nach altem Brauch nun ihm, und er rief Thorbjörn und Herstein zu Zeugen an, dass er rechtmäßig das herrenlose Land in Besitz genommen hatte.

Schlecht ist deine Hilfe, Odd, rief Herstein ihm hinterher, als der Gode rasch den Hügel wieder herunterritt. Jetzt sollst du schweigen, Sohn, sagte Thorbjörn und lief zu einem winzigen Speicher am Rand der Hofstelle, den das Feuer nicht ganz zerstört hatte. Er murmelte einen Spruch, dann ging die Tür auf, und unsichtbare Hände trugen alles Gut heraus, was Blundketil zuletzt besessen hatte: Tische und Bänke, schwere Truhen voller Silber, Säcke mit Lebensmitteln, Werkzeug und Waffen. Ein zweiter Spruch Thorbjörns ließ Blundketils Pferde, die verstreut grasten, zum Hof traben, wo sie beladen wurden, ohne dass Thorbjörn oder Herstein Hand anlegten. Auch Blundketils Vieh und seine Schafe kamen herbei. Thorbjörn und Herstein trieben sie das Tal hinunter und weiter zur Nordra, die sie überquerten. Jetzt waren sie auf dem Land von Thorkel von Svignaskard.

Thorkel hatte noch nichts vom Mordbrand auf Örnolfsdalur gehört. Er empfing die Gäste freundlich und lud sie in sein Haus. Seine Knechte versorgten das Vieh. Erst nachdem er dies angeordnet hatte, erzählte ihm Thorbjörn, was geschehen war.

Kannst du Herstein raten, was er jetzt tun soll? fragte er Thorkel. Mir scheint, nun bin ich verpflichtet, euch zu helfen, sagte Thorkel, denn ihr seid meine Gäste. Dann schwieg er lange. Schließlich ritt er mit ihnen noch in derselben Nacht zum mächtigen Gunnar Hlifsson und brachte ihn dazu, seine Tochter Thurid mit Herstein zu verloben. Es eile sehr, sagte Thorbjörn, und Gunnar ließ sich dazu überreden, weil er den Sohn des reichen Blundketil gern in der Familie haben wollte. Erst danach erfuhr er von Thorbjörn, dass Blundketil nicht mehr lebte und dass mit einem Kampf zu rechnen sei. Auch Gunnar schwieg nun, sah Herstein prüfend an und dachte lange nach.

Am nächsten Morgen ritt Gunnar mit seinem künftigen Schwiegersohn den Fjord entlang, bis sie in Hvammr ankamen, wo Thord lebte, ein alter Freund des Blundketil. Er hatte Gunnars Tochter Thurid in seiner Obhut. Was meinst du, fragte ihn Gunnar, Blundketils Sohn Herstein möchte meine Tochter heiraten. Soll ich sie ihm geben? Das scheint mir ehrenvoll, sagte Thord. Ich werde nur einwilligen, wenn du auch dafür bist, sagte Gunnar. Gut, sagte Thord. Mir wäre es lieb, wenn die Hochzeit bei dir auf Hvammr stattfindet, sagte Gunnar, immerhin bist du der Ziehvater meiner Tochter. Von mir aus, sagte Thord, und was gibt es sonst Neues bei euch?

Als Gunnar ihm nun erzählte, dass Blundketil ermordet worden war und wer dies verübt hatte, tobte Thord, dass man ihn so hereingelegt hatte. Ihr haltet euch wohl für sehr schlau, brüllte er, ihr glaubt wohl, dass ich jetzt gar nicht anders kann, als euch gegen Odd und Arngrim zu helfen, wie? Aber Gunnar, Thorkel, Thorbjörn und Herstein zogen fröhlich wieder von der Küste ins Binnenland, weil sie wussten, dass es genau so kommen würde.

III

Im Sommer fand die Hochzeit von Herstein und Thurid statt, und im nächsten Frühling zogen Gunnar und seine Leute zu Arngrim und zum Hühnerthorir, um sie vor den Thing zu laden. Jede Partei zog nun alle verfügbaren Männer zusammen, sammelte Waffen und bereitete sich auf den Kampf vor. Nur der Hühnerthorir war eines Tages verschwunden. Er nahm zwölf Männer mit sich. Gunnar und sein Schwiegersohn tauschten nun die Hofstellen, so dass Gunnar den zerstörten Hof in Örnolfsdalur wieder aufbaute und von da an zwischen Arngrim und Thorir wohnte. Als die Zeit kam, da der Thing abgehalten werden sollte, zogen Hersteins Freunde mit vielen Männern zum Thinggelände, und auch Arngrim und Odd machten sich mit großem Gefolge auf den Weg. Herstein aber wurde plötzlich krank und musste auf seinem neuen Hof Gunnarsstadir bleiben. Als es ihm besser ging, ritt er nach Örnolfsdalur und vertrieb sich die Zeit in der Schmiede. Einmal kam ein Bauer zu ihm und bat ihn, nach einer kranken Kuh zu sehen, er wisse sich keinen Rat mehr.

Ich verstehe mich nicht auf die Krankheiten der Kühe, sagte Herstein. Dein Vater hat sie mir einst geschenkt, sagte der Bauer, er wäre bestimmt mit mir gekommen und hätte mir geholfen, aber du willst sie dir nicht einmal ansehen. Du kriegst eine neue, wenn sie stirbt, sagte Herstein. Es wäre mir lieber, wenn du mitkämest, sagte der Bauer.

Herstein fluchte und machte sich bereit. Sie gingen auf einem Pfad durch den Wald, der sie immer höher den Berg hinaufführte. Plötzlich sah Herstein von Weitem im Gebüsch eine Waffe blitzen. Er befahl dem Bauern, sich auf den Weg zu legen und keinen Laut von sich zu geben. Dann kehrte er um, rief seine Leute um sich, kam zurück und befahl dem Bauern, weiterzugehen, als ob er ihn tatsächlich in die Falle gelockt hätte. Der Bauer pfiff einmal, da brachen zwölf Männer aus dem Gebüsch, allen voran der Hühnerthorir, der ein kurzes, stumpfes Schwert schwang. Seht das Gackerhuhn! rief Herstein, seht wie es scharrt und pickt und sich an einem Korn verschluckt! Der Hühnerthorir stürzte sich auf Herstein, blind vor Wut und ohne sich zu schützen. Herstein riss ihn an den Haaren und schlug ihm den Kopf ab, so plötzlich, dass Thorirs Körper danach noch einige Schritte weiterlief, bevor er zusammenbrach

Als sich auf dem Thing die Nachricht vom Tod des Hühnerthorirs verbreitete, wollten alle die Sache beendet sehen, so oder so. Arngrim und Thorwald wurden verbannt, Arngrim für unbegrenzte Zeit, Thorwald auf drei Jahre. Nur Odd war verschont geblieben. Er haderte Tag und Nacht damit, dass Gunnar auf Örnolfsdalur saß, dem Hof, den er doch nach dem Mordbrand rechtmäßig in Besitz genommen hatte. Als er eines Tages mit seinen Leuten wieder die Anhöhe hinanritt, um Gunnar zu vertreiben und den Hof, wenn nötig, niederzubrennen, stellte sich sein eigener Sohn Thorodd gegen ihn, weil er sich in Jofrid, Gunnars jüngere Tochter, verliebt hatte.

Jofrid und Thorodd heirateten und lebten bei Gunnar. Odd aber wurde vor der Zeit alt. Als er starb, begrub man ihn mit seinen Schätzen in einem Hügel, von dem aus man das Tal der Hvita überblicken kann.

Der Regen hört nicht auf. Sicher gibt es behaglichere Orte auf Island als dieses Tal mit seinen tropfnassen Kühen und den Erinnerungen an die verbohrten Siedler früherer Tage. Nachts möchte man hier nicht unterwegs sein. Es wäre kaum erstaunlich, wenn Odd von Zeit zu Zeit aus seinem Grab stiege und jedem, der ihm begegnet, eine Menge Gold verspricht, wenn er nur in seinem Auftrag hinüber nach Örnolfsdalur geht. Und Feuer legt.

Der Mann ohne Bart

oder Die Saga vom weisen Njál

Die Ebene ist weit und flach, und jeden, der hierherkommt, sieht man schon aus der Ferne. Ein Tor, eine lange Auffahrt, dann steht da auf einem Hügel das Haus mit seinen Anbauten. Wie man sich hier mit hundert Leuten anschleichen will, um den Besitzer zu überrumpeln, ist rätselhaft. Die Luft ist klar, aber man fühlt immer noch kleine Aschepartikel auf den Zähnen. Die stammen vom Eyjafjallajökull, denn der Vulkanausbruch, der Europas Flugverkehr lahmlegte, ist noch nicht so lange vorbei. Hinter dem Haus sind Wiesen, in einen Hügel ist ein Erdspeicher hineingebaut, Pferde weiden vor einer Stromleitung, das Gras trieft vor Nässe. Eine archäologische Grabung hätte hier auf dem Gelände einen Brand nachgewiesen, heißt es, ausgerechnet hier. Am Abend ist der Himmel ganz schwarz. Hin und wieder reißt die Wolkendecke auf, und ein breites silbernes Band steht zwischen Himmel und Erde. In solchen Momenten glaubt man der Saga jedes Wort.

I Als Hallgerd Gunnar zum ersten Mal sah, verlor sie keine Zeit. Es war im Sommer, in den Wochen, in denen jedes Jahr die freien Bauern Islands in der Ebene von Thingvellir zusammenkamen, um Streitfälle nach den Gesetzen zu schlichten. Jeder Bezirk hatte dort seinen eigenen Versammlungsplatz, wo die Hütten aufgestellt wurden. Gunnar von Hlidarendi war kurz zuvor aus Norwegen zurückgekommen, wo er reich geworden war, und nun lief er prächtig gekleidet von Thingbude zu Thingbude, schüttelte Hände, umarmte alte Freunde und war bald in aller Munde. Jeder kannte eine andere Geschichte über ihn: Dass er in voller Rüstung noch einmal so hoch springen konnte, wie er gewachsen war. Dass er beim Schwertkampf drei Klingen gleichzeitig zu führen schien, so schnell und stark war sein Arm. Dass er mit dem Pfeil jedes Ziel traf, das er sich vorgenommen hatte. Und dass er einen Speer, der auf ihn geschleudert wurde, im Flug abfangen, drehen und zurückwerfen konnte, so dass der Angreifer den Tod fand.

Andere erzählten, wie Gunnar auf seiner Wikingerfahrt den gewaltigen Hallgrim mit dessen eigenem Hauspieß getötet und die Waffe dann an sich genommen hätte. Der Speer sei übrigens verzaubert, er wisse voraus, wenn durch ihn ein Mann sterben solle, und gebe dann ein merkwürdiges Geräusch von sich, beinahe wie eine dumpfe Glocke. Dass Gunnar in Norwegen der Geliebte der schönen Bergljot gewesen sei, einer Verwandten des mächtigen Jarl Hakon. Und dass er für seine eigene Verwandte Unn ein halbes Vermögen von ihrem geschiedenen Mann Hrut Herjolfsson herbeigeschafft hätte, anfangs mit List, später mit Gewalt. Das Geld stand ihr zu, sagten die Leute, schließlich war es nicht ihre Schuld, dass die norwegische Königin Gunnhild den Hrut, der gleichzeitig ihr Geliebter und Unns Verlobter war, mit einem Fluch belegte, so dass er mit allen Frauen schlafen konnte, nur nicht mit seiner eigenen, trotz vieler Versuche. Was hätte sie also anderes tun sollen, als ihn zu verlassen? Es war nur recht, dass Gunnar ihr wieder zu ihrer Mitgift verholfen hat. Anscheinend ist ihm das nicht zum Unglück ausgeschlagen. Seht ihn nur an!

Hallgerd sah ihn an, und Gunnar Hallgerd. Sie trug rot an diesem Tag, ihr Rock, ihr Mantel, die Bänder in ihrem langen Haar, alles war purpurfarben und überall mit Borten verziert. Dass sie schön war, wusste sie, seit sie ein kleines Mädchen war, und auch von ihr erzählte man sich viele Geschichten. Ihr Vater Höskuld hatte sie mit dem Bauern Thorvald verlobt, ohne sie überhaupt zu fragen. Trotzdem war sie sehr heiter bei der Hochzeit, sorgte aber dafür, dass ihr Vertrauter Thjostolf, ein finsterer Mann von den Hebriden, mit ihr auf Thorvalds Hof kam und immer an ihrer Seite war. Die Hochzeit fand im Herbst statt, und weil Hallgerd mit den Vorräten nicht sparte, herrschte Not, noch bevor der Frühling kam. Du musst für Mehl und Stockfisch sorgen, Thorvald, sagte Hallgerd, statt faul hier herumzusitzen. Bisher hat das, was ich im Herbst herangeschafft habe, noch immer über den Winter gereicht, sagte Thorvald. Ich habe keine Lust, für deinen Geiz zu büßen, sagte Hallgerd, und auch nicht für den deines Vaters. Da gab ihr Thorvald eine Ohrfeige und fuhr mit einem Boot und einigen Leuten hinaus, um Fische zu fangen. Als Thjostolf Hallgerds Kummer sah, ruderte er ihm nach und erschlug ihn mit seiner Axt. Dann eilte er zurück zu Hallgerd. Was soll ich nun tun? fragte er sie. Geh zu meinem Verwandten Svan, sagte sie, er ist mächtig genug, um dich zu beschützen. Und so geschah es. Hallgerd ging zurück zu ihrem Vater Höskuld, der zahlte Buße für Thorvalds Ermordung, und nach einer Weile nahm er auch Thjostolf wieder bei sich auf.

Hallgerd heiratete ein zweites Mal, diesmal aber war sie mit der Hochzeit einverstanden. Wieder nahm sie Thjostolf mit. Ihren Mann Glum liebte sie sehr. Eines Tages kam es dennoch zum Streit, und Glum ohrfeigte sie. Als Thjostolf davon erfuhr, eilte er Glum hinterher und erschlug auch ihn, obwohl Hallgerd ihn gebeten hatte, die Sache auf sich beruhen zu lassen. Nach dem Mord an Glum kam Thjostolf zu ihr und fragte sie wieder, was er nun tun solle. Geh zu meinem Onkel Hrut, sagte sie, dort wirst du die Aufnahme finden, die du verdienst. Thjostolf folgte ihrem Rat, und Hrut erschlug ihn. So wurde Hallgerd zum zweiten Mal Witwe. Und obwohl Höskuld für allen Schaden aufgekommen war, stand es um ihren Ruf auf Island nicht zum Besten.

Wir haben uns schon einmal gesehen, sagte Hallgerd zu Gunnar, damals hast du dich verkleidet und so getan, als seist du ein fahrender Händler. Auf diese Weise bist du zu meinem Onkel Hrut gelangt und hast ihn nach den Formeln des Gesetzes vor den Thing geladen, ohne dass er gemerkt hat, dass es dir ernst damit war. Bist du mir deshalb böse? fragte Gunnar. Nein, sagte Hallgerd, denn Hrut hat mich einmal schlecht behandelt, und das vergesse ich niemandem. Er schaute mich an, als ich noch als kleines Mädchen auf dem Schoß meines Vaters Höskuld saß, und fragte ihn, woher denn diese Diebesaugen in unsere Familie gekommen seien. Diebesaugen, sagte Gunnar, hast du denn welche? Das musst du schon selbst herausfinden, Gunnar von Hlidarendi, sagte Hallgerd. Jetzt erzähle mir von deinen Abenteuern in Norwegen. Stimmt es, dass du Jarl Hakons Verwandte heiraten wirst? Und wenn ich um deine Hand anhalten würde? fragte Gunnar. Du machst Witze, sagte Hallgerd, nach allem, was war? Ich meine es ernst, sagte Gunnar. Dann solltest du mit meinem Vater sprechen, sagte Hallgerd.

Nun ging Gunnar zur Thingbude, die sich Höskuld und Hrut mit ihrem Gefolge teilten. Ich möchte Hallgerd heiraten, sagte

Hallgerd

Gunnar, wenn du einverstanden bist, Höskuld. Natürlich bin ich das, sagte Höskuld. Aber Hrut fragte, ob Gunnar sich das auch gut überlegt hätte? Und ob er eigentlich wisse, wie schwierig es sei, mit Hallgerd auszukommen? Es ist, wie es ist, sagte Gunnar, und ich glaube, dass Hallgerd mich ebenso gern nehmen möchte wie ich sie. Jedenfalls solltest du nichts gegen ihren Willen vereinbaren, Bruder, sagte Hrut, du weißt, wohin das führt. Und Höskuld ließ Hallgerd rufen. Sie verlobte sich selbst mit Gunnar, und obwohl sie das fürs Erste noch geheim halten wollten, wusste es bald der gesamte Thingplatz.

II Gunnars Hof Hlidarendi lag auf einem Hügel über der Thvera im Süden Islands. Jenseits des Markarflot, im Landeyar-Gebiet, lag weithin sichtbar der Hof Bergthorshval. Dort lebte Njál, Gunnars bester Freund, mit seiner Frau Bergthora und seinen sechs Kindern. Keiner kannte sich in den Gesetzen so aus wie er, und es hieß, von keinem Zweiten könne man so gute und uneigennützige Ratschläge bekommen wie von ihm. Manche sagten sogar, Njál könne in die Zukunft sehen, so zuverlässig waren seine Vorhersagen über das, was geschehen werde, wenn man seinen Rat befolge. Auch die List, die Gunnar damals in der Sache von Unns Mitgift gegen Hrut angewandt hatte, stammte von Njál. Äußerlich war nichts Besonderes an ihm, nur dass ihm zeit seines Lebens kein Bart wuchs.

Die Hochzeit von Gunnar und Hallgerd wurde auf Hlidarendi gefeiert. Alle bedeutenden Männer aus der Nachbarschaft waren mit ihren Familien eingeladen. Unter ihnen war auch Gunnars Verwandter Thrain Sigfusson, der mit seiner Frau Thorhild kam, einer bekannten Dichterin, deren Spott gefürchtet war. Thorhild sollte außerdem helfen, die Gäste zu bedienen, während ihr Mann auf der Bank direkt neben dem Bräutigam saß.

Wer ist dieses schöne Mädchen, Gunnar, das dort neben deiner Braut sitzt, fragte Thrain. Das ist ihre Tochter Thorgerd, antwortete Gunnar, von nun an meine Stieftochter. Mit ihrem langen Haar ähnelt sie ihrer Mutter, sagte Thrain, wie alt ist sie? Vierzehn, sagte Gunnar, aber ich weiß nicht, warum du diese Dinge fragst. Da hörten beide Thorhilds laute Stimme, und alle anderen Gäste hörten sie auch:

Glotzen und Geifern ist peinlich für jeden,
Und noch viel mehr sind es lüsterne Reden

Jetzt reicht's, Thorhild, brüllte Thrain, du hast heute zum letzten Mal dein Gift nach mir verspritzt. Ich erkläre euch alle zu Zeugen, dass ich mich von dieser Frau scheiden lasse. Und ich mich von ihm, rief Thorhild, das müsst ihr dann aber auch genauso bezeugen. Ich feiere hier jedenfalls nicht weiter, wenn sie nicht geht, rief Thrain, sofort! Thorhild kam nicht zum Antworten, denn Bergthora, Njáls Frau, legte den Arm um sie und führte sie in einen Winkel der Halle. Sie redeten eine Weile leise miteinander, dann nahm Thorhild ihr Bündel und verließ das Haus.

Das Fest ging weiter, aber kurz darauf meldete sich wieder Thrain. Diesmal sprach er zu Höskuld, der ihm schräg gegenüber saß. Als Thorgerds Großvater frage ich dich, ob du mir die Hand deiner Enkelin gibst. Ist das nicht ein bisschen plötzlich, fragte Höskuld, und warum sollte ich nach dieser unschönen Szene glauben, dass du Thorgerd ein guter Ehemann sein wirst? Ich kenne dich doch gar nicht. Als Höskuld sah, dass

Thrain zornig wurde, fragte er rasch: Kannst du mir etwas über deinen Gast berichten, Gunnar? Er ist mein Verwandter, sagte Gunnar, und darum kann ich nur Gutes von ihm sagen. Also fragst du vielleicht besser Njál. Ein guter Rat, sagte Höskuld. Was meinst du zu Thrains Antrag, Njál? Er ist ein redlicher Mann, sagte Njál, angesehen und vermögend, eine gute Partie für Thorgerd. Höskuld stand auf und ging zu der Bank, auf der seine Tochter mit Thorgerd saß. Auch sie hatten gegen die Hochzeit nichts einzuwenden, und die Verlobung wurde beschlossen. Es heißt, dass Thrain und Thorgerd später gut miteinander ausgekommen sind.

III Gunnar war oft bei Njál zu Gast, und Njál bei Gunnar. Nicht lange nach der Hochzeit von Gunnar und Hallgerd besuchten sie Njál in Bergthorshval, um mit ihm und anderen zu feiern. Lange nach den anderen Gästen kam Njáls Sohn Helgi zur Tür herein, gemeinsam mit seiner Frau Thorhalla. Als Bergthora das sah, sagte sie zu Hallgerd, sie solle ihren Platz auf der Sitzbank für ihre Schwiegertochter frei machen. Warum sollte ich, sagte Hallgerd. Das hier ist mein Haus, sagte Bergthora, und hier bestimme ich. Wir werden ja sehen, was aus dir und deinem Haus wird, sagte Hallgerd. Übrigens gleichst du ganz deinem Mann: Eure Fingernägel sind hässlich, und euch beiden wächst kein Bart. Seltsam, sagte Bergthora, dass du so einen Wert auf Bärte legst. Wenn ich richtig gehört habe, trug dein erster Mann Thorvald einen, und trotzdem hast du ihn ermorden lassen. Gunnar, sagte Hallgerd, hast du das gehört? Was habe ich eigentlich vom tapfersten Isländer aller Zeiten, wenn er es so einfach zulässt, dass seine Frau beleidigt wird? Lass uns gehen, Hallgerd, sagte Gunnar, aber denk vielleicht beim nächsten Mal daran, dass ich niemandem so viel verdanke wie meinem Freund Njál. Dass ich niemals etwas tun werde, was Unfriede über sein Haus bringt. Und dass ich selbst darüber entscheide, mit wem ich streite und mit wem nicht. Übrigens erwarte ich von dir, dass du meine Freunde gut behandelst.

Deine Freunde sollen die Trolle holen, antwortete Hallgerd.

IV Gunnar und Njál besaßen gemeinsam einen kleinen Wald an einem Arm des Markarfljot. Jeder von ihnen schlug darin so viel Holz, wie er brauchte, und sie legten einander keine Rechenschaft darüber ab. Eines Tages, als die beiden gerade zum Allthing geritten waren, schickte Bergthora ihren Knecht Svart dorthin, um ein gutes Dutzend Bäume zu fällen. Hallgerd erfuhr davon. Sie rief einen Mann namens Kol zu sich, der unter ihren Leuten den Ruf eines üblen Draufgängers hatte, und befahl ihm, Svart zu töten. Der ging in den Wald und rief zum schwer arbeitenden Svart hinüber: Hier kommt noch einer, der gut mit der Axt umgehen kann! Dann schlug er zu.

Als die Nachricht von dem Mord nach Thingvellir zu Gunnar drang, schwieg der lange. Dann ging er zu Njáls Thingbude, ließ ihn herausrufen und teilte ihm die Sache mit. Ich will mich mit dir vergleichen, mein Freund, und du sollst die Strafe festlegen, die ich dir für den Mord an Svart zu zahlen habe, sagte Gunnar. Ich bin einverstanden, sagte Njál, ich verlange von dir zwölf Öre Silber und die Zusicherung, dass du mich im umgekehrten Fall genauso behandeln wirst. Gunnar bezahlte die Buße sofort, und der Mord galt damit als gesühnt. Für diesmal ging es gut ab, sagte Njál, aber wenn du es mit anderen zu tun bekämest, könnten die Folgen für dich ernster sein. Mir scheint, du musst dafür sorgen, dass Hallgerd nicht alles so macht, wie sie es sich in den Kopf gesetzt hat. Ich will deinen Rat beherzigen, sagte Gunnar.

Bergthora war mit dem Vergleich ganz und gar nicht zufrieden. Als sich eines Tages ein neuer Knecht namens Atli vorstellte, der ihr finster, entschlossen und von empfindlichem Ehrgefühl erschien, nahm sie ihn in ihren Dienst. Ob er auch bereit sei, für Njál und sie zu töten, fragte sie ihn, und Atli hatte keine Einwände. Als Gunnar und Njál im nächsten Jahr wieder auf dem Allthing waren, schickte Bergthora Atli nach Hlidarendi. Dort fragte er nach Kol, folgte ihm in die Einöde und erschlug ihn.

Jetzt ist es an mir, dich um Vergebung dafür zu bitten, was meine Frau angezettelt hat, sagte Njál zu Gunnar, als er ihn in dessen Thingbude aufsuchte. Und ich werde dir dieselbe Buße auferlegen wie du damals mir, als Kol Svart erschlagen hatte, sagte Gunnar. Njál reichte ihm einen Beutel, den Gunnar wiedererkannte. Vielleicht hat es hiermit sein Bewenden, sagte er. Aber daran glaubten sie beide nicht.

Nun schickte Hallgerd nach ihrem Verwandten Brynjolf Rosta, einem bekannten Tunichtgut. Gunnar wollte ihn nicht gern auf seinem Hof haben, aber Hallgerd setzte ihren Willen durch. Zur Zeit des nächsten Allthing befahl sie Brynjolf, Atli aufzulauern und ihn zu ermorden. Das ist keine einfache Sache, Hallgerd, sagte Brynjolf, Atli ist stark und geschickt wie drei Männer. Muss das denn sein? Mir scheint, dass du nicht mal für einen einzigen Mann gelten kannst, Brynjolf, und ich bedauere doch sehr, dass Hrut mir meinen alten Freund und Beschützer Thjostolf

MORD!

erschlagen hat. Der wäre jetzt schon unterwegs, um meine beschmutzte Ehre zu verteidigen. So habe er das nicht gemeint, sagte Brynjolf, und noch am selben Abend trat er wieder vor Hallgerd und sagte, dass er ihren Knecht Kol gerächt habe.

Wieder musste nun Gunnar auf dem Allthing vor Njál treten, um die Sache aus der Welt zu schaffen. Ich bitte dich, einem Vergleich zuzustimmen, sagte er, und du sollst die Höhe der Strafe festlegen. Die normale Buße für einen erschlagenen Freien beträgt hundert Öre Silber, sagte Njál, die sollst du zahlen. Ein Thing, ein Mord, sagte Njáls ältester Sohn Skarphedin, Hallgerd sorgt schon dafür, dass bei uns keiner an Altersschwäche stirbt.

Im folgenden Jahr duldete Njál keine neuen Knechte auf seinem Hof. Bergthora überlegte lange, wer das Rachewerk fortsetzen könne, bis sie auf Thord Sigtryggsson verfiel, den Erzieher ihrer drei Söhne. Im Sommer, zur Thingzeit, ließ sie ihn rufen und forderte von ihm, er solle nach Hlidarendi gehen und Brynjolf erschlagen. Ich habe noch nie jemanden getötet, sagte Thord, ich habe sogar noch niemals jemanden gesehen, der getötet worden ist. Dann ist es an der Zeit, sagte Bergthora, denn so wie wir mit Hallgerds Leuten stehen, können wir uns nicht vornehm beim Töten zurückhalten. Und hast du nicht vor, unsere Verwandte Gudfinna zu heiraten? Bekommt ihr nicht demnächst sogar ein Kind? Ich werde nach Hlidarendi gehen, sagte Thord, aber erwarte nicht zu viel.

Thord spaltete Brynjolf mit der Axt die Brust, und kurze Zeit später war die Nachricht nach Thingvellir gelangt. Lustig, wer jetzt alles schon Mord mit Mord vergilt, sagte Skarphedin, auf den friedliebenden Thord wäre ich nie gekommen. Njál ging ein weiteres Mal zu Gunnar und bot ihm Buße an. Der Beutel mit den hundert Öre in Silber wechselte wieder den Besitzer. Vor dem Gesetz war die Sache damit beigelegt.

Im folgenden Winter bekam Gunnar Besuch von seinem Verwandten Sigmund, einem Dichter, dessen spöttische Verse überall auf Island verbreitet wurden. Mit ihm reiste sein schwedischer Geschäftspartner Skjöld, der den Menschen nur selten freundlich begegnete. Obwohl Gunnar Skjöld nicht mochte, nahm er ihn auf, um Sigmunds willen, den er sehr schätzte. Du wirst sehen, sagte Gunnar zu Sigmund, dass meine Frau Hallgerd hier vieles in die Wege leitet, was nicht in meinem Sinne ist, und das besonders zur Thingzeit. Gunnar warnte auch Njál, dass Hallgerd nach Wegen suche, Thord erschlagen zu lassen. Ich will ihn zum nächsten Thing mitnehmen, sagte Njál, da ist er sicher.

Eines Abends saß er mit Thord vor dem Haus und sah über die Wiese. Seltsam, sagte Thord, warum liegt denn dort in der Senke ein blutiger Ziegenbock? Wenn sich niemand darum kümmert, verdirbt das Fleisch noch. Alter Freund, sagte Njál, da liegt kein Ziegenbock in der Senke. Ich sehe ihn doch genau, sagte Thord. Mir scheint, sagte Njál, dass du deine Dinge in Ordnung bringen solltest. Und gib in nächster Zeit auf dich acht. Was geschehen muss, wird geschehen, sagte Thord. Gib trotzdem acht, sagte Njál.

Hallgerd brachte ihren Schwiegersohn Thrain mit Sigmund und Skjöld zusammen. Ich habe euch jeden erdenklichen Gefallen getan, sagte Hallgerd, ich habe euch drei ausgezeichnet vor den anderen und euch Geschenke gemacht, die sich sehen lassen können. Nun bitte ich euch um einen Gefallen: Tötet Thord, den Erzieher von Njáls Söhnen, den Mörder meines Verwandten Brynjolf, der im Westen alles aufgegeben hat, um zu mir zu kommen.

Im Sommer sollte Thord mit Njál nach Thingvellir reiten, aber er kam nicht rechtzeitig vor der Abreise zum Allthing in Hlidarendi an, und so brach Njál mit seinen Leuten ohne ihn auf. Bergthora bat er, ihm Thord bald hinterherzuschicken, aber nachdem Njál davongeritten war, tauchte Thord auf und wurde von Bergthora noch zur raschen Erledigung einer anderen Aufgabe gedrängt. Unterdessen machten sich Sigmund, Skjöld und Thrain auf die Suche nach Thord. Als sie ihn gefunden hatten, griffen ihn Sigmund und Skjöld an, während Thrain aus der Ferne zusah. Thord wehrte sich tapfer, erlag dann aber der Übermacht.

Gunnar erfuhr wieder durch einen Boten davon, während er auf dem Thing war. Bestürzt ging er zu Njál. Wirst du auch diesmal Buße annehmen, Freund? fragte er Njál, und der erklärte sich dazu bereit. Die Strafe setzte er auf zweihundert Öre in Silber fest, das Doppelte der üblichen Buße für einen Mann. Njáls Söhne wurden unruhig, weil es ihren Erzieher getroffen hat, und meinten, dass es allmählich Zeit würde, selbst die angetane Schmach zu rächen. Was muss Hallgerd eigentlich noch veranstalten, dass wir zu den Waffen greifen dürfen? fragte Skarphedin. Ich bitte euch, den Vergleich, den ich abgeschlossen habe, zu respektieren, sagte Njál, und die Söhne versprachen es. Beim nächsten Mal sollt ihr aber freie Hand haben, sagte ihr Vater.

Gunnar ließ Sigmund spüren, wie wütend er auf ihn wegen der Ermordung Thords war, während Hallgerd Sigmund dafür lobte. Eines Tages hörte Gunnar, wie aus dem Raum, in dem sich die Frauen seines Hofes versammelt hatten, lautes Gelächter drang. Er lauschte an der Tür und bekam mit, wie Hallgerd Sigmund aufforderte, Spottverse auf Njál und seine Söhne zu dichten. Der Alte, sagte sie, weiß viel, sogar in seinem Garten gedeiht alles nach seinem Plan. Und niemand hat so einen fruchtbaren Misthaufen wie er – bei dem Dünger wächst das Gras wie von selbst! Nur schade, dass das Mittel auf seinen Wangen nicht genauso wirkt, sonst hätte er endlich einen Bart. Bei seinen Söhnen ist das anders. Glaubt ihr, die schmieren sich jeden Abend damit ein, die Dungbärtigen? Die es hörten, lachten laut auf, und Sigmund machte aus Hallgerds Rede sofort einen Vers, der so boshaft war, dass alle Frauen ihn begeistert nachsprachen.

Da öffnete Gunnar die Tür. Wenn irgendjemand Sigmunds Machwerk in die Welt hinausträgt, bekommt er es mit mir zu tun, sagte er. Aber es waren einige Bettlerinnen in der Kammer, die von Hof zu Hof zogen. So wurde der Vers schon am nächsten Tag in Bergthorshval bekannt.

Und, meine Söhne, was gedenkt ihr jetzt zu unternehmen? fragte Bergthora. Man muss sich nicht wegen jeder törichten Rede aufregen, sagte Skarphedin, das führt zu nichts. Aber man sah ihm an, dass er selbst nicht von seinen Worten überzeugt war. Lass unsere Söhne in Frieden, Bergthora, sagte Njál, was mit Übereifer angegangen wurde, ist noch nie zu einem guten Ende gekommen.

Er legte sich hin und wachte mitten in der Nacht von einem Geräusch auf. Ein Beil war gegen eine Wand in seinem Haus gestoßen. Als Njál sich umsah, bemerkte er, dass einige der Schilde fehlten, die sonst an der Wand hingen. Was ist hier los, fragte er Bergthora, und die erwiderte, dass Skarphedin und seine Brüder mit ihren Waffen vor die Tür gegangen seien. Njál eilte ihnen hinterher. Was macht ihr da, rief er ihnen zu. Wir suchen deine Schafe, rief Skarphedin zurück. Bewaffnet? fragte Njál. Na gut, dann gehen wir eben auf Lachsfang, antwortete

Skarphedin. Passt auf, dass sie euch nicht entwischen, sagte Njál müde und ging wieder hinein. Du hast es geschafft, Bergthora, sagte er noch, dann drehte er sich zur Wand.

Skarphedin und seine Brüder Grim, Helgi und Höskuld waren in der Nacht nach Hlidarendi gegangen. Bei Sonnenaufgang trafen sie auf Sigmund und Skjöld, die nach Gunnars Pferden sehen wollten. Skarphedin befahl dem jungen Höskuld, beiseitezubleiben, dann stürmte er mit den anderen auf Sigmund und Skjöld los und erschlug beide. Sie warteten, bis einer von Gunnars Leuten erschien, dann warf ihm Skarphedin Sigmunds Kopf zu und bat ihn, Hallgerd zu fragen, ob es dieser Mund gewesen sei, der die Verse auf Njál und seine Söhne gesprochen hätte. Gunnars Knecht wartete, bis die Männer wieder abgezogen waren, dann warf er den Kopf weg und rannte nach Hlidarendi, um die Nachricht vom Tod Sigmunds und Skjölds zu verbreiten.

Hallgerd erfuhr als Erste davon. Als sie Gunnar von der Ermordung seines Verwandten erzählte, meinte er nur, das hätte sich Sigmund selbst zuzuschreiben. Und obwohl Gunnar dazu berechtigt gewesen wäre, Klage gegen Skarphedin und seine Brüder zu erheben, ließ er die Dinge, wie sie waren. Hallgerd erinnerte ihn täglich daran. Irgendwann gab sie es auf.

Drei Jahre später hatte Gunnar immer noch nichts unternommen. Als er eines Tages zu seinem Freund Njál kam, um sich einen Rat zu holen, sagte der am Ende: Sollten wir nicht etwas wegen Sigmunds Ermordung unternehmen? Um den ist es nicht schade, sagte Gunnar, aber wenn du mir etwas geben willst, damit die Sache vor aller Augen als gebüßt gilt, wehre ich mich dagegen nicht. Nimm zweihundert Öre in Silber von mir an, sagte Njál, das ist die Buße für Sigmund, aber Skjöld ist keinen roten Heller wert. Und das verkünden wir dann feierlich beim Allthing.

So wollen wir es immer halten, sagte Gunnar. Keiner kann vor dir bestehen innerhalb des Thingbezirks und keiner vor mir außerhalb. Wovor sollten wir uns also fürchten, solange wir zusammenhalten? Njál nickte, er schien noch etwas sagen zu wollen, schwieg dann aber doch.

V Als der Sommer einmal trocken war und der Winter lang und kalt, herrschte im Frühling Not auf vielen Höfen, weil es an Heu und Mehl fehlte. Im Nordwesten von Hlidarendi, mitten zwischen den beiden Armen der Ranga, liegt Kirkjuboe, wo damals der Bauer Otkel Skarfsson lebte. Otkel war reich, und auch in diesem Jahr bewahrte er in seinen Scheunen mehr Nahrung für Mensch und Tier, als auf seinem Hof verbraucht wurde. Zu ihm ging Gunnar mit seinem Bruder Kolskegg und seinem Stiefschwiegersohn Thrain, um Hilfe für die Bauern der Umgebung zu erbitten. Bei Otkel war damals gerade sein Freund Skammkel, der großen Einfluss auf ihn hatte. Otkel wollte Gunnar nichts von seinen Vorräten verkaufen, und Skammkel flüsterte ihm zu, er möge sich bloß nicht noch dazu bereden lassen. Thrain wollte Otkels Heu und Mehl mit Gewalt nehmen, aber Gunnar ließ das nicht zu. Willst du vielleicht stattdessen einen Sklaven kaufen, den ich nicht mehr brauche? fragte Otkel. Er heißt Melkölf und stammt aus Irland. Ich nehme ihn, sagte Gunnar, so komme ich immerhin nicht mit ganz leeren Händen zurück.

Die Geschichte von Gunnars Ritt und Otkels Beharrlichkeit verbreitete sich rasch in der Gegend. Auch Njál hörte davon. Ärgere dich nicht, hilf ihm lieber, sagte Bergthora. Und Njál schickte Heu und Lebensmittel nach Hlidarendi, so dass Gunnar durch den Frühling kam.

Einige Wochen später ritten Njál und Gunnar wieder nach Thingvellir. Hallgerd hatte nicht vergessen, wie Otkel ihren Mann brüskiert hatte. Sie ließ den Sklaven Melkölf zu sich kommen. Der hatte auf Otkels Hof jede Arbeit gemieden, und Otkel war froh gewesen, ihn an Gunnar weitergeben zu können. Melkölf, sagte Hallgerd, du kennst auf Kirkjuboe jeden Winkel. Weißt du auch, wo Otkel seine Vorräte aufbewahrt? Natürlich weiß ich das, sagte Melkölf, das meiste davon ist in einem großen Schuppen neben der Küche. Bring mir, was du da findest, sagte Hallgerd, und dann zündest du den Schuppen an. Es wird wie ein Unfall aussehen.

Ich habe vielleicht in meinem Leben nicht immer alles richtig gemacht, sagte Melkölf, aber zum Dieb will ich nicht werden.

Dann werde ich dich erschlagen lassen, sagte Hallgerd, und Melkölf sagte, er werde tun, was sie befohlen hatte.

Melkölf überquerte heimlich den östlichen Arm der Ranga, dann schlich er sich nach Kirkjuboe. In der Nacht brach er den Schuppen auf, belud sich mit allem, was er dort an Lebensmitteln fand, und steckte ihn in Brand. Auf dem Rückweg verlor er ein Messer und eine Gürtelschnalle. Als er das merkte, war es zu spät zum Umkehren. Er lieferte seinen Raub bei Hallgerd ab und hoffte, dass es damit sein Bewenden hätte.

Otkel war in Thingvellir, als man ihm die Nachricht von dem Brand auf Kirkjuboe brachte. Verdacht schöpfte er nicht, sondern sagte nur, dass der Schuppen wirklich etwas dicht bei dem Küchenfeuer gestanden hätte.

Als Gunnar vom Thing nach Hause kam, brachte er Freunde mit nach Hlidarendi, die danach noch weiter nach Osten reiten mussten. Hallgerd tischte auf, was sie hatte, und das war viel mehr, als jeder erwartet hätte. Woher kommt das alles, Hall-

KIRKJUBØE

gerd? fragte Gunnar, und seine Frau antwortete, dass er sich darum nicht kümmern solle. Ich will aber nicht Nutznießer eines gemeinen Diebstahls sein, sagte Gunnar wütend, und gab Hallgerd eine Ohrfeige. Beide verließen die Halle und blieben eine Weile fort. Dann kamen Diener und räumten das Essen von den Tischen. Sie brachten dafür gebratenes Fleisch, und weil das sehr frisch war, konnte niemand daran zweifeln, dass es von Hlidarendis Tieren stammte.

Eines Tages fand Skammkel auf einer Wiese bei Kirkjuboe ein Messer und eine Gürtelschnalle. Er ging damit zu Otkel und fragte ihn, ob er beides wiedererkenne. Natürlich, sagte Otkel, ich habe sie einst dem Sklaven Melkölf geschenkt. Sollten sie auf deiner Wiese liegen? fragte Skammkel. Er zeigte die Gegenstände noch anderen, die Melkölf kannten, und alle sagten dasselbe.

Wir müssen uns Hilfe holen, sagte Otkel, allein werden wir einem so großen Mann wie Gunnar nicht beikommen.

Einer seiner Nachbarn war Mörd Valgardsson, dessen Mutter Unn einst durch Gunnar gegen ihren geschiedenen Mann Hrut wieder zu ihrem Recht gekommen war. Otkel suchte ihn auf, gemeinsam mit Skammkel, erzählte ihm von seinem Verdacht wegen des Brands und bat ihn um Rat. Ich könnte euch schon helfen, sagte Mörd, aber wir müssen sehr vorsichtig sein. Und was sollen wir tun? fragte Otkel.

Wer etwas gestohlen hat und Angst bekommt, dass man ihn ertappt, der versucht, das Diebesgut wieder loszuwerden, sagte Mörd. Schick also ein paar Frauen aus, die mit Tauschwaren handeln, und lass dir alles zeigen, was sie bekommen.

Otkel folgte diesem Rat, und zwei Wochen später erschien er wieder vor Mörd. Das meiste, was die Frauen eingetauscht haben, stammt aus Hlidarendi, sagte Otkel. Mörd sah sich alles genau an. Dann meinte er, Otkel solle die Käseform seiner Frau holen lassen. Als das geschehen war, legte er zwei eingetauschte Käsestücke in die Form. Sie passten exakt hinein. Und Otkel sorgte dafür, dass sich die Kunde davon rasch über die Höfe verbreitete.

Als Gunnar davon hörte, ritt er mit Thrain Sigfusson und Lambi Sigurdsson zu Otkel, um die Schuld an dem Diebstahl auf sich zu nehmen und die Sache aus der Welt zu schaffen. Setze du die Buße fest, sagte er zu Otkel, ich werde sie bezahlen. Und außerdem will ich dich in Zukunft in allen Angelegenheiten unterstützen. Otkel wollte schon darauf eingehen, aber Skammkel flüsterte ihm zu, dass er damit in den Augen seiner Nachbarn als Schwächling dastehen würde. Dagegen ein Mann, der dem mächtigen Gunnar Widerstand leiste, das wäre ein Kerl! Otkel dachte darüber nach.

Ich möchte lieber, dass meine Verwandten Gizur der Weiße auf Mosfell und Geir auf Hlid in dieser Sache entscheiden, sagte er dann. Wenn du willst, dass es diese Kreise zieht, nur zu, sagte Gunnar. Er drehte sich um und ritt zornig davon. Das war nicht besonders klug, Otkel, sagte sein Bruder Hallbjörn, und an allem ist nur dein falscher Freund Skammkel schuld. Ihr habt doch alle nur Angst vor Gunnar, antwortete Otkel, und an diesem Tag wurde nicht mehr über den Brand des Lagerhauses gesprochen.

Am nächsten Tag wollte Otkel in den Norden zu Gizur und Geir reiten. Er war noch nicht weit gekommen, da hatte Skammkel ihn eingeholt. Lass mich das machen, Freund, sagte er, deine Augen sind nicht die besten, und der Weg ist lang und voller Löcher. Otkel war darüber froh, und Skammkel kam wenig später nach Mosfell zu Gizur. Otkel bittet dich, in seinem Streit mit Gunnar zu entscheiden, sagte Skammkel und erzählte, was vorgefallen war. Dabei blieb er vollkommen bei der Wahrheit. Es muss natürlich ein Vergleich geschlossen werden, sagte Gizur, das ist für alle ehrenvoll.

Skammkel kam zurück zu Otkel und sagte ihm, Gizur sei gegen eine gütliche Einigung. Bring ihn vor das Allthing, so rät Gizur es dir, sagte Skammkel. Ich weiß nicht, sagte Otkel, Gunnar ist so viel mächtiger als ich. Gizur und sein Vetter Geir werden dir beistehen, sagte Skammkel, aber wenn du jetzt kneifst, wird dich niemand mehr respektieren. Also ritt Otkel zu Gunnar nach Hlidarendi, beschuldigte ihn des Diebstahls und der Brandstiftung und lud ihn offiziell vor die nächste Thingversammlung. Skammkel, der mitgekommen war, verhöhnte Gunnar. Und der ärgerte sich sehr.

Je näher der Sommer rückte, umso kleinlauter wurde Skammkel. Und als er im Gefolge von Otkel nach Thingvellir gekommen war, zog er sich in seine Thingbude zurück, weil er sich krank fühlte. Unterdessen stellten Gizur und Geir Otkel zur Rede, warum er ihrem Rat nicht gefolgt sei, einen friedlichen Vergleich mit Gunnar abzuschließen. Aber Skammkel hat doch berichtet, ihr wäret für ein ordentliches Verfahren, sagte Otkel. Wenn Skammkel je wieder aus seiner Bude herauskommt, kann er was erleben, sagte Gizur.

Sie gingen zu Gunnar und fragten ihn, ob er noch zu einem Vergleich bereit wäre. Nur wenn ihr euch meinem Spruch unterwerft, sagte Gunnar, andernfalls können wir auch gern sehen, wer von Otkel und mir der Stärkere ist. Ich unterwerfe mich, sagte Otkel. Schön, sagte Gunnar, hier ist mein Spruch: Für deine abgebrannte Baracke und die Lebensmittel steht dir deren Wert als Buße zu. Da du mich aber mit deiner Forderung beleidigt hast, steht mir dieselbe Summe als Ausgleich zu. Im Übrigen soll er den Sklaven Melkölf wieder nehmen, der passt besser zu ihm als zu mir. Wir sind einverstanden, sagte Gizur, aber du sollst Otkel künftig als deinen Freund betrachten. Das werde ich nicht tun, sagte Gunnar, und er sollte mir in Zukunft lieber aus dem Weg gehen. Aber ich werde nichts gegen ihn unternehmen, wenn er mir keinen Anlass dazu gibt. So trennten sie sich in Thingvellir, und alle ritten auf ihre Höfe.

VI Weder Otkel noch Gunnar legte es auf einen neuen Zusammenstoß an, aber bald geschah es, dass Otkel Gunnar aus Versehen mit seinem Sporn verletzte, so dass er blutete. Skammkel, der zugegen war, verspottete Gunnar dafür. Wenig später erfuhr Gunnar davon, dass Otkel mit acht Männern in der Nähe von Hlidarendi vorbeiritt. Als Gunnar zu seinem Hauspieß griff, gab der einen dumpfen Klang von sich. Gunnar fasste ihn fester, eilte zu dem Weg, auf dem Otkel mit seinen Leuten vorbeikommen musste, und tötete die meisten von ihnen. Den Letzten hieb sein eilig dazugekommener Bruder Kolskegg zu Boden. Auch Otkel, dessen Bruder Hallbjörn und Skammkel waren unter den Toten.

Nun konnten Gizur und Geir nicht anders, als Gunnar wieder vor das Thing zu laden. Allerdings war ihre Totschlagklage in einem Punkt nicht im Einklang mit den Gesetzen, und so konnte Gunnar die Klage fürs Erste abwehren. Das ist schön, sagte Njál, aber auf Dauer kommst du damit nicht durch. Bemüh dich um einen Vergleich mit Gizur und Geir. Dazu war Gunnar schnell bereit. Am Ende zahlte er eine Buße für Hallbjörns Tod, während Otkels Ermordung durch Gunnars Verletzung gesühnt sein sollte. Für Skammkels Tode musste niemand bezahlen.

VII Nördlich von Gunnars Hof Hlidarendi, jenseits des Hangs zur Hochebene Fljotshlid, erhebt sich der Berg Trihyrningur. In seinem Schatten wohnte damals der Bauer Starkad mit seinen Söhnen. Noch weiter im Norden lebte Starkads Schwager Egil Kolsson auf dem Hof Sandgil. Unter Starkads Pferden war auch ein roter Hengst, von dem es hieß, keiner käme ihm an Wildheit gleich. Damals hetzten die Bauern gern vor vielen Zuschauern ihre Pferde aufeinander, um zu sehen, welcher Hengst den anderen mit Bissen und Tritten davonjagen würde. Starkads Hengst blieb immer Sieger.

Eines Tages waren die Söhne Egils zu Besuch auf dem Trihyrningurhof. Starkads Söhne gaben wie stets mit ihrem Fuchs an, doch diesmal meinte ihre Schwester Hildigunn, gegen Gunnars jungen braunen Hengst würde ihr Roter den Kürzeren ziehen. Wir wollen sehen, was Gunnar dazu meint, sagten ihre Brüder und ritten nach Hlidarendi. Gunnar war einverstanden, forderte aber, dass man das Kämpfen den Pferden überlassen solle. Die Besitzer sollten sich zurückhalten. Das wurde beschlossen. Nachdem sie auch den Tag für den Pferdekampf festgelegt hatten, ritten die Starkadsöhne nach Hause.

Als der Tag gekommen war, versammelten sich viele von Gunnars Nachbarn auf der Wiese, wo der Kampf stattfinden sollte. Thorgeir und Kol vom Trihyrningurhof trieben den roten Hengst gegen Gunnars Pferd, und lange Zeit konnte keiner den anderen verjagen. Dann aber stellten sich die Starkad-

GUNNAR

söhne hinter ihren Fuchs und drückten ihn mit aller Macht nach vorn. Als Gunnar das sah, schob auch er seinen Hengst, und das so kräftig, dass der Fuchs auf Thorgeir und Kol fiel. Die beiden waren so wütend, dass sie nun auf Gunnar losgehen wollten, aber der warf Kol zu Boden, wandte sich darauf Thorgeir zu und sah, wie dieser dem Hengst Gunnars mit dem Stock ein Auge ausschlug. Nun nahm auch Gunnar seinen Stock und schlug Thorgeir damit ohnmächtig. Dann bat er seinen Bruder Kolskegg, er möge das braune Pferd töten, damit es sich nicht mit einer solchen Verletzung abquälen müsse.

Inzwischen waren die Starkadsöhne wieder auf die Beine gekommen und wollten Gunnar angreifen, aber nun kamen viele Zuschauer auf die Wiese und gingen dazwischen. Njál versuchte, eine gütliche Einigung zu erreichen, aber Thorgeir drohte Gunnar damit, ihn umzubringen. Mit Worten allein wirst du dabei keinen Erfolg haben, sagte Kolskegg. Jeder ritt nun wieder auf seinen Hof, und fürs Erste war Ruhe.

Auf dem nächsten Thing unterstützte Gunnar den mächtigen Asgrim Ellidi-Grimsson vom Hof Tunga, dessen Tochter Thorhalla mit Njáls Sohn Helgi verheiratet war. Weil Asgrim durch ihn seinen Rechtsstreit gewann, trug er Gunnar seine Freundschaft an und lud ihn herzlich nach Tunga ein. Im Herbst desselben Jahres machte sich Gunnar mit seinen Brüdern Kolskegg und Hjört auf den Weg. Njál hatte seinen Freund gewarnt und ihm angeboten, dass seine Söhne ihn begleiten könnten. Gunnar hatte dazu genickt, aber weil er sie nicht in Gefahr bringen wollte, hatte er ihnen keine Nachricht von seiner Reise geschickt.

Auf dem Rückweg von Tunga wurden sie von Sigurd Svinhöfdi beobachtet, einem Mann, den Starkad dafür bezahlte, dass er Gunnar ausspionierte. Sigurd riet Starkad, Gunnar bei den Hügeln von Knafaholar aufzulauern, ganz in der Nähe von Sandgil, und dafür mindestens dreißig gut bewaffnete Männer anzuwerben. Starkad verabredete sich mit seinem Schwager Egil Kolsson zu dem Hinterhalt. Jeder von ihnen kam mit fünfzehn Kriegern, und sie alle versteckten sich hinter den Hügeln, um Gunnar und dessen Brüder zu überraschen.

Auf dem Weg nach Hause wurde Gunnar plötzlich bleiern müde. Ich muss mich hinlegen, sagte er, und seine Brüder bewachten seinen Schlaf. Gunnar war unruhig, und als er aufwachte, fragten sie ihn, was er geträumt hätte. Ich träumte, dass wir bei Knafaholar von Wölfen angegriffen würden, sagte Gunnar, und dass ich alle abwehren konnte, bis plötzlich einer durchbrach und dir, Hjört, das Herz aus dem Leib riss. Hätte ich dies schon früher geträumt, ich hätte doch nach den Njálssöhnen geschickt. Du aber, Hjört, solltest umkehren nach Tunga.

Das werde ich nicht tun, sagte Hjört, das weißt du doch. Gunnar seufzte, dann ritten sie weiter.

Als sie kurz vor Knafaholar waren, sahen sie hinter den Hügeln die Lanzenspitzen ihrer Feinde. Und jetzt? fragte Kolskegg. Wir reiten dort hinunter zum Fluss Ranga, sagte Gunnar, dort auf der Landspitze können wir uns besser verteidigen. Als sie an Knafaholar vorüberritten, rief ihnen Kol zu, dass sie jetzt wohl besser die Beine in die Hand nähmen. Wer hier davonrennt, werden wir noch sehen, rief Kolskegg zurück, und zwar ehe es Abend wird.

Gunnar und seine Brüder verschanzten sich auf der Landzunge und erwarteten ihre Gegner. Der Erste, der sich zu ihnen wagte, war Sigurd Svinhöfdi, und er ließ auch als Erster sein Leben, als ein Pfeil Gunnars ihm durch seinen Schild ins Auge flog. Gunnar tötete noch andere Männer durch seine Pfeile, dann aber rückten sie ihm so nah auf den Leib, dass er den Bogen fallen ließ und sich mit Schwert und Spieß wehrte. Kol drang auf Kolskegg ein, als der gerade mit zwei anderen Kriegern kämpfte, und verwundete ihn am Bein. Kolskegg hieb ihm dafür einen Unterschenkel ab. Kol konnte das nicht fassen und blickte auf die Wunde, die stark blutete. Du brauchst gar nicht so zu schauen, sagte Kolskegg, es ist genau so, wie es aussieht: Das Bein ist ab. Kol war immer noch verwundert, als er schließlich zu Boden fiel und starb. Inzwischen tötete Gunnar Egil und einige andere, der Norweger Thorir aber, der bei Egil wohnte und in dessen Tochter Gudrun verliebt war, stürmte auf Gunnars Bruder Hjört zu und verwundete ihn tödlich. Gunnar rächte seinen Bruder, und diejenigen unter seinen Feinden, die noch laufen konnten, flohen vor Kolskegg und ihm. Allen voran Starkad und sein Sohn Thorgeir.

Beim nächsten Thing wurde Gunnar auf Buße wegen der vielen Toten von Knafaholar angeklagt. Mörd Valgardsson, der inzwischen die Tochter von Gizur dem Weißen geheiratet hatte, führte bei der Klage das große Wort. Njál verhalf Gunnar zwar zu einem ehrenvollen Vergleich mit den Verwandten der Toten. Aber Thorgeir Starkadsson und Thorgeir Otkelsson, dessen Vater Gunnar einst erschlagen hatte, wollten ihm ein weiteres Mal auflauern. Erst Njál konnte sie dazu überreden, unverrichteter Dinge wieder nach Hause zu ziehen, denn er malte ihnen sehr deutlich aus, was mit ihnen passieren würde, wenn sie Gunnar reizten. Als sie dann später dennoch Gunnar auflauerten, setzte der sich so entschlossen zur Wehr, dass er dabei viele Männer erschlug, darunter auch Thorgeir Otkelsson. Wieder musste er sich vor dem Allthing rechtfertigen, aber diesmal konnte ihn auch Njál nicht vor einer Verurteilung retten: Gunnar und Kolskegg wurden auf drei Jahre aus Island verbannt.

VIII Mach das Beste daraus, riet ihm Njál, und du wirst in drei Jahren noch reicher, mächtiger und beliebter nach Island zurückkehren. Übrigens ahne ich, dass du, wenn du nur diese Strafe akzeptierst und Island verlässt, sehr alt werden wirst auf Hlidarendi.

Gemeinsam mit Kolskegg rüstete Gunnar ein Schiff aus, das ihn in den Osten bringen sollte, und auch Njáls Söhne Grim und Helgi baten ihren Vater so lange, sie nach Norwegen zu schicken, bis er es ihnen erlaubte. Gunnars Stiefschwiegersohn Thrain entschloss sich damals ebenfalls, Island für einige Monate zu verlassen. Am letzten Abend vor der Abreise ritt Gunnar nach Bergthorshval, um sich von seinem Freund Njál zu verabschieden. Der nächste Morgen war prächtig, der Himmel licht, der Sommer lag über dem Land, als wolle er für immer bleiben, und als Gunnar unterhalb von Hlidarendi vorbeiritt, sah er die gelben Felder und die Wiesen seines Hofs in solcher Schönheit, dass er meinte, sterben zu müssen, wenn er diese Gegend je verließe. Und das sagte er auch Kolskegg. Das kannst du nicht machen, sagte sein Bruder, du weißt doch, was dann geschieht. Du würdest für friedlos erklärt werden, und jeder dürfte dich ungestraft erschlagen. Das soll erst mal einer versuchen, sagte Gunnar. Aber hat dich nicht auch Njál davor gewarnt, den Vergleich zu brechen? Hat er, sagte Gunnar, ich bleibe trotzdem hier. Es tut mir leid, Bruder, sagte Kolskegg, aber dann müssen wir uns jetzt trennen. Und ich fürchte, dass wir uns nicht wiedersehen werden.

Er ritt zum Schiff, und Gunnar ritt nach Hause auf seinen Hof.

Auf dem nächsten Thing fasste die Versammlung öffentlich den Beschluss, dass Gunnar geächtet sein solle, und es gab niemanden, der etwas dagegen unternehmen konnte. Heimlich aber versammelte Gizur der Weiße Gunnars Feinde, alles in allem vierzig Männer, und verabredete mit ihnen, dass sie nach Hlidarendi reiten und Gunnar töten wollten. Mörd Valgardsson übernahm es, eine günstige Gelegenheit für einen Überfall auszukundschaften.

Als es Herbst wurde, hatte Mörd beobachtet, wie Gunnars Leute allesamt zum Heumachen auf entfernte Wiesen gezogen waren und Gunnar mit seiner Familie allein auf Hlidarendi geblieben war. Sofort schickte er Boten an die Verschwörer, und die versammelten sich rasch auf dem Trihyrningurhof. Gemeinsam ritten sie Richtung Hlidarendi. Als sie Gunnars Wachhund zu sich gelockt und erschlagen hatten, weckte dessen Todesgeheul den schlafenden Gunnar auf. Jetzt gilt es, sagte er zu Hallgerd und zu seiner Mutter. Dann stellte er sich hinter das Dachfenster seines Schlafhauses und wartete auf die Angreifer.

Wir müssen sehen, ob Gunnar überhaupt zuhause ist, sagte Gizur der Weiße. Der Norweger Thorgrimm, der jetzt auf Egils Hof wirtschaftete und mit Gudrun Egilsdottir zusammenlebte, wagte sich als Erster ans Dachfenster. Gunnar durchbohrte ihn mit seinem berühmten Spieß. Und, riefen die Verschwörer, ist Gunnar da? Keine Ahnung, sagte Thorgrimm, aber sein Spieß ist jedenfalls zuhause. Dann starb er. Gunnar verwundete noch einige Feinde, und es schien so, als könne auch die Übermacht nichts gegen ihn ausrichten. Wollen wir nicht das Haus anzünden? fragte Mörd Valgardsson. Vergiss es, sagte Gizur, das

HLIDARENDI

kommt nicht infrage. Aber wenn wir ihm doch so nicht beikommen? fragte Mörd. Denk dir halt was aus, sagte Gizur, du bist doch so schlau. Und außerdem haben wir dich exzellent für deine Dienste bezahlt. Wenn ihr wirklich kein Feuer legen wollt, sagte Mörd, dann müssen wir das Dach abdecken, damit Gunnar da oben ohne Schutz ist. Sie banden Seile an die Balken, befestigten schwere Steine an den anderen Enden und zogen die Bretter hinunter. Gunnar schoss immer noch mit seinem Bogen einen Pfeil nach dem anderen auf seine Feinde, und jeder von ihnen verwundete einen Mann.

Dann sprang einer der Krieger hinauf zu Gunnar und hieb die Bogensehne durch. Hallgerd, rief Gunnar, ich brauche zwei oder drei Strähnen deines langen Haares. Meine Mutter soll daraus eine neue Bogensehne drehen. Hängt viel davon ab? fragte Hallgerd. Mein Leben, sagte Gunnar. Das ist schlecht für dich, sagte Hallgerd, denn eben fällt mir ein, wie du mich geohrfeigt hast, als Dank, dass ich deinen Gästen ein Festmahl vorgesetzt habe. Jeder sorgt selbst für seinen Nachruhm, sagte Gunnar. Er schlug seinen Gegnern noch viele Wunden und tötete einige von ihnen, dann starb er unter ihren Schwerthieben.

Als Gizur das sah, rief er seinen Leuten zu, die Waffen niederzulegen. Es war ein großer Mann, den wir hier erschlagen haben, sagte er. Dann bat er Rannveig, Gunnars Mutter, dass sie ihm einen Platz anweise, um die beiden Krieger zu begraben, die Gunnar erschlagen hatte. Nehmt nur, wo immer ihr wollt, sagte Rannveig, ich gäbe euch gern die ganze Wiese vor dem Haus, wenn ich nur euch alle dort begraben könnte.

Die Verschwörer zerstreuten sich in alle Winde.

IX Gunnars Freunde versammelten sich bei Njál. Sollen wir versuchen, die Mörder beim nächsten Thing zu verklagen, fragten sie, aber Njál meinte, das hätte keinen Sinn, weil Gunnar ja geächtet gewesen sei. Mit dem Gesetz kommen wir hier nicht weiter, sagte er, aber wir können immerhin ein paar seiner Mörder erschlagen. Hallgerd hielt es bei Rannveig nicht mehr aus und zog mit ihrem Sohn Grani zu ihrer Tochter Thorgerd. Högni, ihr anderer Sohn, blieb als Gunnars Nachfolger auf Hlidarendi.

Gunnar wurde aufrecht sitzend in einem Hügelgrab bestattet. Wer dort vorüberkam, hörte manchmal eine gedämpfte Stimme aus dem Grab. Gunnar spricht Verse, hieß es dann, aber niemand kann sie verstehen. Eines Nachts ritten Högni und Njáls Sohn Skarphedin auf einem Pfad südlich des Hügels. Der Mond schien hell, und als die beiden Reiter auf das Grab schauten, sahen sie, dass die Grassoden auf einer Seite verschwunden waren. Gunnar saß auf seinem Stuhl, schaute in den Mond und trug ein zufriedenes Lächeln im Gesicht. Jetzt konnte man auch seine Worte verstehen. Er sprach von sich und seinem letzten Kampf und dass es besser sei, in voller Rüstung unterzugehen, statt zu fliehen. Als er fertig war, zog eine Wolke vor den Mond, und als er wieder schien, hatte sich der Hügel geschlossen.

Er hat mich nicht einmal angesehen, sagte Högni. Aber er hat deinen Namen genannt, sagte Skarphedin, und er hat dir sein Vermächtnis übergeben. Allein werde ich ihn nicht rächen können, sagte Högni, wirst du mir helfen? Gunnar hat uns in Frieden gelassen, nachdem wir damals euren Verwandten Sigmund erschlagen haben, sagte Skarphedin, wie sollte ich dir nicht beistehen? Aber lass uns gleich ans Werk gehen, bevor uns jemand daran hindert.

Sie gingen zurück nach Hlidarendi, und Högni nahm Gunnars Spieß von der Wand. Er ließ ein dumpfes Geräusch hören, und Gunnars Mutter Rannveig wachte davon auf. Habe ich nicht gesagt, dass niemand den Spieß berühren soll außer Gunnars Rächer? Wir wollen sehen, sagte Högni, und ritt mit Skarphedin davon.

In derselben Nacht überquerten sie den östlichen Arm der Ranga und kamen zum Hof Oddi, wo Hroald wohnte, ein Neffe von Gizur dem Weißen. Hroald hatte überall verkündet, er sei es gewesen, der Gunnar die tödliche Wunde beigebracht hätte. Jetzt stach Högni ihn mit Gunnars Spieß nieder, während Skarphedin einen zweiten der Verschwörer erschlug. Danach ritten sie zum Trihyrningurhof und überfielen dort Starkad und seinen Sohn Thorgeir. Der Letzte, zu dem sie an diesem Morgen ritten, war Mörd Valgardsson. Wir haben gerade vier Männer erschlagen, die Schuld an Gunnars Tod tragen, sagte Skarphedin, und dich wird dasselbe Los treffen. Mörd flehte um sein Leben und bot an, jede beliebige Summe als Buße für Gunnar zu entrichten. Högni muss das entscheiden, sagte Skarphedin, und Högni ließ sich schließlich darauf ein.

Als es beim nächsten Thing zu einer Verhandlung wegen der Morde kam, waren alle des Streits müde und wünschten sich Frieden. Am Ende wurden Skarphedin und Högni zu einer Buße verurteilt, die genauso hoch war wie die Summe, die Mörd für Gunnars Tod zahlen musste. Kolskegg aber, der in Norwegen gewesen war, als sein Bruder Gunnar umkam, kehrte nicht mehr nach Island zurück. Er ließ sich in Dänemark taufen und ging nach Miklagard zum oströmischen Kaiser. In der Heimat hörte man noch von ihm, dass er vom Kaiser zum Anführer seiner nordischen Krieger ernannt wurde. Damit verliert sich seine Spur.

X Im selben Jahr, in dem neben Kolskegg und Thrain auch Grim und Helgi, die Söhne Njáls, Island Richtung Osten verlassen hatten, folgte ihnen ein Mann namens Hrapp. Er musste fliehen, weil er einen Mann ermordet hatte, darum nannte man ihn auch Totschlag-Hrapp. Seine Überfahrt konnte er nicht bezahlen, und so verließ er das Schiff mit Schimpf und Schande. In Norwegen verführte er dann die Tochter des reichen Gudbrand von Dalir und musste vor dessen Rache in die Wälder fliehen. Aus Wut darüber schlich er sich nachts zu dem großen hölzernen Tempel, den Gudbrand unterhielt, zerrte die Statuen der Götter hinaus und legte Feuer. Als ihn Gudbrands Leute verfolgten, tötete er einige von ihnen und verjagte die Übrigen.

Gudbrand war eng befreundet mit dem mächtigen Jarl Hakon. Der hatte von seinen Schwierigkeiten mit Totschlag-Hrapp gehört und angeboten, bei der Suche nach dem Geächteten zu helfen. Als Gudbrand zu dem zerstörten Tempel kam, war Jarl Hakon bei ihm. Gemeinsam mit vielen Kriegern folgten sie nun Hrapps Spuren durch den Wald.

Für Hrapp wurde es jetzt eng. Er kam bis zur Küste, wo zwei Schiffe vor Anker lagen. Vor dem einen machten sich die Njálssöhne zur Überfahrt nach Island bereit, vor dem anderen Thrain. Und hinter Hrapp rannten die Leute Jarl Hakons durch den Wald.

Als Erstes wandte sich Hrapp an Grim und Helgi. Helft mir, rief er, der Jarl will mich erschlagen. Mit dir möchten wir uns nicht verbünden, sagte Helgi. Das zahle ich euch heim, erwiderte Hrapp, eines Tages, ganz bestimmt, ihr werdet schon sehen. Werden wir, sagte Grim, und du wirst sehen, wie wir dich dann dafür belohnen. Darauf lief Hrapp zu Thrain. Hilf mir, sagte er. Was hast du denn angestellt? fragte Thrain. Ich habe einen Tempel angezündet und ein paar Männer von Jarl Hakon erschlagen, deshalb ist er hinter mir her. Der Jarl war immer gut zu mir, sagte Thrain. Wenn du mir hilfst, werde ich dich belohnen, sagte Hrapp und zeigte Thrain etwas von dem goldenen Schmuck der Götter, die er im Tempel beraubt hatte. Und außerdem wird man dich überall dafür verachten, wenn du es zulässt, dass ein Wehrloser, der dich um Hilfe bittet, erschlagen wird. Versteck dich auf meinem Schiff, sagte Thrain.

Der Jarl war an den Strand gekommen und fragte als Erstes die Njálssöhne, ob sie Hrapp gesehen hätten. Ja, sagten sie. Und wo ist er dann hin? fragte Hakon. Das können wir nicht sagen, antworteten sie. Dann lichteten sie den Anker und ruderten aus der Bucht. Bei einer Insel legten sie an und warteten auf den passenden Wind.

Inzwischen war der Jarl mit seinen Leuten auch zu Thrain gekommen. Der leugnete, Hrapp jemals gesehen zu haben, geschweige denn auf dem Schiff versteckt. Der Jarl ließ es mehrmals durchsuchen, fand Hrapp aber nicht, weil der zwischendurch immer wieder sein Versteck wechselte. Schließlich konnte der Jarl Thrain nicht länger aufhalten, aber er war überzeugt davon, dass der Isländer ihn betrogen hatte. Soll er verrecken mit seinem Totschlag-Hrapp, sagte er wütend. Aber die Njálssöhne müssen für ihn bezahlen, denn sie wissen sicher mehr von der Sache, als sie zugegeben haben.

Jarl Hakon ließ Helgi und Grim fangen und wollte sie sofort hinrichten. Inzwischen war es aber Abend geworden, und es war damals Brauch im Norden, dass man ein Todesurteil nur am hellen Tag vollstrecken dürfe. Also wurden sie an Bord eines Schiffs gefesselt und allein gelassen. In der Nacht gelang ihnen die Flucht, weil Grim mithilfe einer herumliegenden Axt die Fesseln um seine Hände löste. Er trug dabei tiefe Wunden davon. Sie schlugen sich bis zum Schiff ihres Waffenbruders Kari Sölmundsson durch, den sie vor der schottischen Küste kennengelernt hatten und der nun ebenfalls hierhergekommen war, um dem Jarl zu dienen.

Kari versöhnte sie mit Hakon, und der machte sein Unrecht durch reiche Geschenke wieder gut. Die Njálssöhne aber baten ihren Freund, mit ihnen nach Island zu fahren. Kari war dazu gern bereit. Er lebte mit ihnen auf Bergthorshval und heiratete ihre Schwester Helga.

XI

Auch Thrain und Hrapp waren nach Island zurückgekehrt. Thrain lebte wieder auf Grjota, Hrapp siedelte sich unweit davon auf einer Hofstelle an, die Hrappsstadir genannt wurde. Er war oft bei Thrain und sehr vertraut mit Hallgerd, Thrains Schwiegermutter. Helgi und Grim sagten hin und wieder, dass Thrain sie für das, was sie um seinetwillen in Norwegen erlitten hätten, entschädigen müsse, aber Thrain wies das empört von sich. Allmählich wusste jeder ihrer Nachbarn von dem Zwist, und es war klar, dass die Njálssöhne etwas unternehmen mussten, wenn sie nicht als Feiglinge dastehen wollten. Wir sollten besser nach Grjota reiten, sagte Skarphedin, und sehen, ob wir bei Thrain etwas erreichen.

Thrain empfing Skarphedin, Helgi, Grim und Kari im Kreis vieler Männer, sagte aber kein Wort zur Begrüßung. Ein schönes Willkommen ist das, Thrain, sagte Skarphedin. Hier hat niemand auf euch gewartet, sagte Hallgerd, die bei Hrapp stand. Du hältst schön deinen Mund, du alte Hure, sagte Skarphedin. Das wird dir noch leidtun, sagte Hallgerd. Meinst du nicht, dass du uns entschädigen solltest?, sagte Helgi zu Thrain, aber der entgegnete nur, er hätte jetzt genug von der ewigen Bettelei der Njálssöhne. Dann drohten sich Hrapp und Skarphedin gegenseitig Prügel an, und Hallgerd schnupperte auffällig in Skarphedins Richtung. Jetzt weiß ich, woher dieser Geruch kommt, rief sie, ihr reibt euch wohl immer noch die Backen mit Mist ein, damit euch überhaupt ein Bart wächst. Bei eurem Vater wirkt das Mittel ja leider nicht. Wir haben hier nichts verloren, sagte Skarphedin, und die Njálssöhne ritten zurück nach Bergthorshval.

Eines Tages hörte Skarphedin, dass Thrain in Begleitung seiner engsten Freunde unterwegs war, um aus dem Osten wieder zurück nach Grjota zu gelangen. Er versammelte seine Brüder und Kari um sich, dann zogen sie aus und versteckten sich im Wald von Raudaskridur. Thrain und seine Leute zogen vom Hof Dal heran und bereiteten sich auf die Überquerung des Markarfljot vor. Es war ein klarer, kalter Wintertag, und als Thrains Leute die Lanzenspitzen der Njálssöhne in der Sonne blitzen sahen, erkannten sie, dass ihre Feinde dort auf sie lauerten. Deshalb änderten sie ihre Richtung und liefen am Ufer des vereisten Markarfljot entlang. Skarphedin und seinen Brüdern blieb nun nichts übrig, als die Deckung zu verlassen und ihnen hinterherzujagen. Dabei geriet Skarphedin auf dem Eis in einen solchen Schwung, dass er blitzschnell zu Thrain gerutscht kam und diesem mit der Axt den Schädel bis zu den Backenzähnen spaltete. Dann kamen seine Brüder heran, erschlugen Hrapp und noch zwei andere. Den übrigen vier schenkten sie das Leben, darunter auch Gunnars Sohn Grani.

Njál erreichte auch hierfür einen Vergleich, an den sich alle hielten. Und er nahm den jungen Höskuld, Thrains Sohn, zu sich nach Bergthorshval. Höskuld war gern bei Njál und seinen Söhnen. Als sein Ziehvater ihm anbot, eine Ehe für ihn zu arrangieren, war er sofort einverstanden. An wen hast du gedacht? fragte er. An Hildigunn Starkadsdottir, sagte Njál, die bei ihrem Onkel Flosi in Svinafell lebt, weit im Osten jenseits des Eyjafjallajökull. Sie brachten dort ihre Werbung vor. Flosi war einverstanden, sagte aber, Hildigunn solle die Sache selbst entscheiden. Ich würde ihn ja nehmen, sagte Hildigunn, aber ich habe mir geschworen, dass mein Mann schon ein Gode sein muss. Darunter tue ich es nicht. Gib mir etwas Zeit, Hildigunn, sagte Njál, und Höskuld soll ein Häuptling werden.

Das aber war schwieriger, als Njál es sich vorgestellt hatte. Niemand wollte seine Godenwürde freiwillig abgeben oder verkaufen, und da die Zahl der Goden oder Häuptlinge begrenzt war, kam Njál nicht voran. Dann aber gab er auf dem nächsten Thing wie gewohnt Ratschläge bei Streitigkeiten und Prozessen ab, die allesamt dazu führten, dass hinterher die Dinge noch unklarer waren als zuvor. Manche zweifelten schon an der gesamten isländischen Rechtsordnung und forderten, man solle wie früher das Recht des Stärkeren anerkennen. Ich habe einen Vorschlag, sagte Njál, wie wir aus der Misere herauskommen. Bisher hat jeder der vier Landesteile unserer Insel seinen eigenen Thing und sein eigenes Thinggericht, das sich aus den Goden zusammensetzt. Wir sollten ein fünftes Gericht schaffen, das darüber wacht, dass die Prozesse ordentlich nach den Gesetzen durchgeführt werden, dass Bestechung der Richter verfolgt und feierliche Eide geleistet werden. Dafür richten wir neue Godentümer ein, und eines davon sollte mein Ziehsohn Höskuld einnehmen. So geschah es, und wenig später waren Höskuld und Hildigunn miteinander verheiratet.

Unterdessen war Lyting auf Samsstadir, ein Schwager des von Skarphedin erschlagenen Thrain, unzufrieden mit dem Vergleich geworden, den Njál mit Thrains Brüdern abgeschlossen hatte. Lautstark beklagte sich Lyting darüber, dass er von der Buße nichts abbekommen hatte. Eines Tages überfiel er einen unehelichen Sohn Njáls mit mehreren Helfern und erschlug ihn nach langem Kampf. Dann floh er in die Wälder. Dort spürten ihn Skarphedin und seine Brüder auf. Sie erschlugen seine Begleiter, Lyting selbst aber konnte entkommen, und Njáls Ziehsohn Höskuld erreichte einen Vergleich zwischen ihm und Njál. Wieder war fürs Erste Frieden eingekehrt, aber Njál ahnte, dass ihnen allen noch sehr viel Leid bevorstand. Damals wurde auf Island das Christentum eingeführt, und Njál sagte allen, die es hören wollten, dass er diese neue Lehre für eine gute Sache hielt. Auch Amundi, der Sohn von Njáls unehelichem Sohn, hatte sich taufen lassen. Er war schon immer blind gewesen, und als er auf den Thing kam, um mit dem Mörder seines Vaters zu sprechen, musste er sich zu dessen Bude führen lassen. Als er dort Lyting fragte, welche Buße er ihm für die Ermordung seines Vaters zugedacht hätte, wies Lyting ihn ab. Gott wird mir zeigen, was zu tun ist, sagte Amundi und wandte sich zum Gehen. Plötzlich merkte er, wie ihm die Augen aufgingen und er sehen konnte. Das ist ein Zeichen, rief er aus, drehte sich zu Lyting um, nahm seine Axt und rammte sie Höskulds Mörder in den Kopf. Im selben Moment verlor er sein Augenlicht wieder.

Njál erreichte auch für diesen Mord einen Vergleich, an den sich alle hielten.

XII Weil Höskuld neuer Gode geworden war, hatten sich viele von Mörd Valgardsson abgewandt und waren von seinem Godentum in Höskulds übergewechselt. Denn damals hatte man die freie Wahl, welchem Goden man folgen wollte. Mörd war darüber verbittert und begann, sich mit den Söhnen Njáls anzufreunden, um einen Keil zwischen sie und Höskuld Thrainsson zu treiben. Es gelang ihm auch, dass Skarphedin und seine Brüder den Verleumdungen über Höskuld Glauben schenkten. Höskuld plant, euch alle umzubringen, sagte Mörd, und wenn ihr ihm nicht zuvorkommt, wird er damit auch Erfolg haben. Die Njálssöhne und Kari kamen mit Mörd überein, Höskuld aufzulauern und ihn umzubringen. So geschah es auch, und alle brachten ihm Wunden bei, an denen er schließlich starb. Mörd schlug den Brüdern nun vor, dass er so tun wolle, als ob er nicht dabei gewesen sei, denn das könnte künftig vielleicht Vorteile für sie alle haben. Die Njálssöhne und Kari waren einverstanden.

Als Hildigunn Höskuld fand, der blutüberströmt vor seinem Hof lag, wischte sie mit seinem Mantel, den ihm einst Flosi geschenkt hatte, alles Blut auf. Dann verwahrte sie den Mantel in einer Truhe.

Das ist eine böse Sache, sagte Njál, als seine Söhne ihm erzählten, was geschehen war. Es wird uns allen den Tod bringen, mir, eurer Mutter, und auch euch, Skarphedin, Helgi und Grim. Mir auch? fragte Kari. Du bist ein Glückskind, sagte Njál, dagegen hat es jeder Mordbrenner schwer. Es heißt, dass Njál sehr um Höskuld Thrainsson trauerte.

Höskulds Familie bat Mörd, die Klage wegen des Totschlags zu führen. Flosi hörte davon und auch, wie tief Njál von Höskulds Tod getroffen war. Er war auch bereit, auf einen Vergleich einzugehen, bis er zum Hof Ossaboe kam, den Höskuld bewirtschaftet hatte und den Hildigunn noch immer bewohnte. Sie bewirtete ihn in der Halle, erwies ihm jede Ehre und bat ihn, sich auf den leeren Hochstuhl in der Mitte der Tafel zu setzen. Während der Mahlzeit ging sie in ihre Schlafstube zu einer Truhe in einer Ecke des Raumes. Sie holte ein zusammengefaltetes Stück Stoff heraus, breitete es aus und brachte es zu Flosi.

Erkennst du das? fragte sie. Es ist der Mantel, den ich Höskuld geschenkt habe, sagte Flosi. Hildigunn legte ihn um seine Schultern. Der Stoff knisterte, und als Flosi die Innenseite des Mantels betrachtete, sah er die getrockneten Blutflecken. Ich beschwöre dich bei allem was dir heilig ist, meinen Mann zu rächen, sagte Hildigunn. Das wäre unser aller Verderben, sagte Flosi.

Auf dem Thing suchten beide Parteien unter den versammelten Männern möglichst viele Helfer. Njáls Freund Asgrim Ellidi-Grimsson übernahm es, für ihn von Thingbude zu Thingbude zu gehen und die mächtigsten Männer um Unterstützung zu bitten. Gizur der Weiße war sofort dazu bereit, andere zögerten oder lehnten ab. Alle aber deuteten auf Skarphedin im Gefolge Asgrims und fragten, wer denn dieser bleiche Mann mit den harten Zügen sei. Skarphedin pflegte dann die Männer unbarmherzig auf ihre Fehler hinzuweisen. Skapti Thoroddsson erinnerte er an eine peinliche Geschichte aus dessen Jugend, als er sich unter Grassoden verkriechen und in einem Mehlsack an Bord eines Schiffes schmuggeln lassen musste, weil er einen Mann erschlagen hatte. Den weisen Goden Snorri fragte Skarphedin, wann er endlich seinen Vater rächen wolle. Den reichen Hafr Thorkelsson erinnerte er daran, dass dessen Schwester Svanlaug noch immer in der Gewalt ihrer Entführer

BLUT

sei. Und als der grimmige Thorkel Hak nach ihm fragte, antwortete ihm Skarphedin, er solle sich erst mal das Stück Pferdehintern aus den Zähnen kratzen, das dort seit dem Frühstück herumbaumele. Thorkel sprang auf und brüllte, er werde Skarphedin jetzt mit seinem besten Schwert erschlagen wie schon viele tapfere Krieger zuvor. Und Skarphedin brüllte zurück, dass er die Axt in seiner Hand schon gegen viele Feinde eingesetzt hätte, unter anderem bei seinem Sprung über das Eis am Markarfljot, als ihn acht Krieger nicht bremsen konnten. Und nun, Thorkel Hak, sagte Skarphedin, kommst du entweder hierher, oder du setzt dich auf deinen Platz. Für einen Moment war es totenstill. Dann setzte sich Thorkel langsam wieder auf seinen Stuhl. Wir sollten jetzt gehen, sagte Asgrim zu Skarphedin, und sie verließen das Zelt.

Gudmund der Mächtige war einer der Männer, zu denen Asgrim vorher gegangen war, um Hilfe zu erbitten. Als er hörte, wie sein Feind Thorkel Hak von Skarphedin in seinem eigenen Zelt behandelt worden war, freute er sich sehr und sagte den Leuten von Bergthorshval seine Unterstützung zu.

Nach langen Verhandlungen und vielen Bitten erklärte sich Flosi zu einem Vergleich mit Njál bereit. Niemand sollte verbannt werden, aber die Geldbuße für Höskuld sollte ungeheuer hoch sein, höher als jede Buße zuvor. Schließlich wurde sie auf sechshundert Öre in Silber festgelegt, und weil niemand so viel Geld sofort aufbringen konnte, gaben auch einige der Richter einen Teil der Summe dazu. Und Njál legte zusätzlich ein seidenes Gewand und Stiefel auf das Silbergeld.

Dann wurde Flosi gerufen. Der besah sich die Kiste mit dem Bußgeld und hielt das Kleid in die Höhe. Von wem stammt das? fragte er. Alles schwieg. Will mir niemand sagen, von wem das ist? fragte er. Was glaubst du denn? fragte Skarphedin. Ich glaube, dass dieses Seidenkleid von dem bartlosen Alten stammt, bei dem niemand weiß, ob er eigentlich Mann oder Frau ist, sagte Flosi. Skarphedin riss ihm das Kleid aus der Hand. Du musst grad reden, rief er, von dir wissen doch alle, dass dich in jeder neunten Nacht der Riese von Svinafell holt und als Frau gebraucht.

Behaltet euer Geld, sagte Flosi und stieß die Kiste um, und ich behalte meine Rache. Dann verließ er mit seinen Leuten den Thing. Das ist schlimm, sagte Njál bedrückt. Wieso? fragte Skarphedin, er kann uns jetzt nicht mehr nach den Gesetzen belangen. Genau das meine ich, sagte Njál. Damit ritten sie zurück nach Bergthorshval.

XIII

Jeder wusste, dass es nun ernst wurde für Njál und seine Söhne. Eine alte Frau, die auf Bergthorshval lebte, weinte tagelang und bat händeringend darum, dass jemand einen bestimmten Haufen mit Gartenabfällen hinter dem Haus entferne. Der werde einmal dazu dienen, dieses Haus zu verbrennen und alle, die darin wohnen, klagte sie. Aber niemand wollte ihr den Gefallen tun. Man hörte auch, dass Flosi mit einer großen Schar in der Gegend herumzöge. Und eines Abends sagte Bergthora zu den Hausgenossen, jeder möge sich nehmen, was er am liebsten esse, denn diese Mahlzeit werde ihre letzte sein. Auch Njál sagte bedrückt, er hätte gerade eine Vision gehabt, in der das Hausdach abgedeckt und das Innere überall blutbefleckt gewesen sei.

Wenig später kamen Flosi und seine Leute vor den Hof.

Wir wollen uns ihnen entgegenstellen, sagte Skarphedin.

Wenn wir ins Haus gehen, können wir uns besser verteidigen, sagte Njál, und sie werden uns schon nicht das Dach über dem Kopf anzünden. Bei Gunnar haben sie das auch nicht getan. Gunnars Angreifer waren ehrenhafte Männer, sagte Skarphedin, aber die hier wissen ganz genau, dass sie sterben werden, wenn wir davonkommen. Sie müssen uns töten und werden dafür jedes Mittel einsetzen. Wenn ihr mich respektiert, dann kommt mit mir ins Haus, sagte Njál. Und Skarphedin fügte sich.

Als Flosis Leute merkten, dass sie anders nicht weiterkamen, zündeten sie das Haus an, indem sie den Unkrauthaufen in Brand setzten und aufs Dach schleuderten. Njál rief durch die Tür, ob man nicht doch noch zu einem Vergleich kommen könne, aber Flosi lehnte ab. Nur den Frauen, Kindern und Knechten wollte er erlauben, das Haus unbedrängt zu verlassen. Njáls Sohn Helgi warf sich einen Frauenmantel über und versuchte, unerkannt zu entkommen, aber er wurde entdeckt, und Flosi schlug ihm den Kopf ab.

Im Haus legte sich Njál jetzt mit Bergthora zu Bett. Karis zwölfjähriger Sohn wollte seine Großeltern nicht verlassen und kauerte sich zwischen sie. Ein Knecht breitete eine Ochsenhaut über ihnen aus und überließ sie ihrem Schicksal. Kari, Grim und Skarphedin kämpften noch im Haus gegen ihre Feinde, die von außen hineinwollten, aber Flosi rief seine Leute zurück. Kari entkam, Skarphedin aber konnte durch den Brand nicht mehr nach außen. Auf der anderen Seite stand ihm Gunnar Lambisson gegenüber, der schon bei dem Kampf am Markarfljot dabei gewesen war. Und, sagte Gunnar, heulst du jetzt? Der Rauch, sagte Skarphedin, nur der Rauch. Aber ich glaube, du lachst? Ja, sagte Gunnar, ich lache, wie ich seit unserer Begegnung am Markarfljot nicht mehr gelacht habe, als du Thrain

erschlagen hast. Schön, sagte Skarphedin, dann habe ich hier ein Andenken für dich. Er öffnete einen Lederbeutel, den er um den Hals trug und in dem er einen Backenzahn von Thrain aufbewahrte. Den Zahn warf er so fest in Gunnars Richtung, dass dem ein Auge ausgeschlagen wurde.

Grim und Skarphedin verbrannten. Als Flosi später die Trümmer untersuchte, hörte er Skarphedins Stimme, die einige Verse über den Kampf sprach. Lebt Skarphedin etwa noch? fragte Grani Gunnarsson, oder schickt eine Nachricht aus dem Jenseits? Das werden wir nie erfahren, sagte Flosi. Er blieb noch einige Tage in der Gegend und ritt dann nach Hause zu seinem Hof Svinafell.

XIV

Kari suchte nun Njáls Freunde auf, und viele versprachen ihm Hilfe. Sie gingen zurück nach Bergthorshval und suchten dort nach den Leichen von Njál, Bergthora, Skarphedin und Grim und begruben sie. Dann ging Kari mit den Überlebenden nach Tunga, wo Njáls Freund Asgrim Ellidi-Grimsson lebte. Sein Sohn Thorhall hatte lange bei Njál gelebt. Von ihm hatte er viel über die Gesetze Islands gelernt, er war immer um ihn gewesen und hatte ihn wie einen Vater verehrt. Als er nun von Njáls Tod hörte, erregte er sich so darüber, dass ihm das Blut aus beiden Ohren schoss und er in Ohnmacht fiel. Später schwoll sein Bein an und wurde so dick, dass er kaum laufen konnte. Willst du nicht zuhause bleiben? fragte Asgrim, als es Zeit wurde, zum nächsten Thing zu reiten. Nein, sagte Thorhall, jetzt muss die Klage gegen Flosi wegen des Anschlags auf Njál erhoben werden, und dazu seid ihr auf mich angewiesen.

Es wurde beschlossen, dass Mörd Valgardsson auf dem Thing das Wort gegen Flosi führen sollte.

Auch Flosi ritt umher und versuchte, möglichst viele unter den mächtigen Männern auf seine Seite zu ziehen. Als er mit seinen Leuten aus dem Osten nach Thingvellir ritt, kam er auch auf Asgrims Hof Tunga vorbei. Den wollen wir besuchen, rief er, mal sehen, wie er uns empfängt. Asgrim ließ ihnen zähneknirschend Bänke und Tische in die große Halle räumen und servierte ihnen dort ein Festmahl. Als er aber am Ende die Beherrschung verlor, nach seiner Axt griff und sie auf Flosi werfen wollte, hielt einer der Besucher seinen Arm fest. Lass ihn los, sagte Flosi, wir haben ihn hart geprüft. Und dich, Asgrim, sehen wir auf dem Thingplatz wieder. Damit verließen sie Tunga und ritten weiter Richtung Westen.

Beide Parteien waren nun mit vielen Kriegern in Thingvellir eingetroffen, und mancher fürchtete, dass die Sache nicht friedlich ausgehen würde. Flosi war entschlossen, keinen Vergleich mit Asgrim und Mörd anzustreben, sondern die Klage auf gesetzlichem Weg abzuwehren. Er traf sich heimlich mit Eyjolf Bölverksson, einem hervorragenden Kenner der Gesetze, und bestach ihn mit einem kostbaren Goldreif, damit er ihm beistehe. Wenn das irgendjemand erfährt, werden wir es schwerhaben, sagte Eyjolf, denn vor dem Gesetz ist es verboten, dass ich etwas von dir annehme, dafür, dass ich dich verteidige. Niemand wird es erfahren, sagte Flosi.

Eyjolf kannte alle Finten, um die Klage abzuwehren, aber für jeden seiner Züge fand Thorhall Asgrimsson einen Gegenzug. Weil er sich mit seinem geschwollenen Bein kaum rühren konnte, lag er in Asgrims Thingbude und schickte seine Ratschläge mit Boten zum Gerichtsplatz. Lange Zeit sah es so aus, als würde Thorhalls Taktik Erfolg haben. Am Ende aber kam es doch zu einer großen Schlacht, viele Männer wurden erschlagen, bis Flosis und Mörds Leute endlich voneinander getrennt werden konnten.

Schließlich taten sich die Mächtigen des ganzen Landes zusammen, um einen Vergleich zu erreichen. Alles wurde gegeneinander aufgerechnet, für Njál wurden sechshundert Öre Silber gezahlt und für Bergthora vierhundert. Flosi sollte auf drei Jahre die Insel verlassen, und von den Übrigen, die am Mordbrand beteiligt gewesen waren, wurden einige für immer verbannt. Die Sache wurde durch Handschlag besiegelt.

Aber Kari erklärte, dass er sich nicht an dem Vergleich beteiligen wolle. Und Njáls Neffe Thorgeir Skorargeir schloss sich seinem Freund Kari an.

XV

Wir werden keine Ruhe finden, sagte Flosi zu den Männern, die mit ihm am Mordbrand beteiligt gewesen waren, bis Kari und Thorgeir Frieden mit uns schließen, und danach sieht es zur Zeit nicht aus. Sollen wir Angst vor zwei Männern haben, antworteten sie ihm, und uns bei dir auf Svinafell verstecken? Genau das ist mein Rat, sagte Flosi. Auf jeden Fall solltet ihr euch immer mit vielen Kriegern umgeben, wenn ihr unterwegs seid.

Nun trennten sich die Mordbrenner, und fünfzehn von ihnen unternahmen eine Fahrt nach Osten, weil sie in Höfdabrekka noch Schulden eintreiben wollten. Wir werden das Geld jetzt brauchen können, sagten sie, und Flosi bat sie nochmals, vorsichtig zu sein. Als sie zum Kerlingardalur kamen, einer flachen Ebene, die rings von Bergen umgeben ist, wurden sie so müde, dass sie nicht anders konnten, als auszuruhen. Bald waren sie in einen tiefen Schlaf gefallen.

Kari und Thorgeir, die sich ganz in der Nähe versteckt hielten, hörten davon und machten sich auf den Weg. Sie blickten von einem Abhang auf die Schlafenden. Und jetzt? fragte Thorgeir. Jetzt nehmen wir ihnen ihre Spieße weg, dann wecken wir sie auf, sagte Kari, und warten, bis sie sich mit Schwertern und Schilden bewaffnet haben. An diesem Tag erschlugen sie zu zweit fünf der Mordbrenner, die übrigen flohen zu Flosi nach Svinafell und erzählten ihm von dem Überfall.

Flosis Schwiegervater Hall von Sida riet ihm, noch einen Versuch zu unternehmen, die Sache ohne weiteres Blutvergießen aus der Welt zu schaffen. Und wirklich war Thorgeir dazu bereit, nachdem ihm Kari sehr dazu geraten hatte. Und du? fragte Thorgeir, warum willst du dem Vergleich nicht zustimmen? Ich denke, dass wir zwar deine Verwandten nun ausreichend gerächt haben, sagte Kari, aber mein kleiner Sohn, der zwischen Bergthora und Njál unter der Ochsenhaut lag und mit ihnen erstickt ist, sollte doch noch den einen oder anderen Tropfen Blut wert sein.

Sie trennten sich, und während Thorgeir auf seinem Hof unbehelligt wirtschaftete, versteckte sich Kari weiter in der Wildnis. Eines Tages kam er zum Hof Björns des Weißen, der von einem Freigelassenen aus Njáls Familie abstammte, während seine Frau eine Verwandte Gunnars war. Wirst du mit mir auskundschaften, wo ich die Mordbrenner am besten überfallen kann? fragte Kari, und Björn sagte, dass Kari wirklich ein Glückskind sei, denn niemand sei besser für eine solche Aufgabe geeignet als er, Björn, der eben soviel Mut wie Schläue besitze. Red nicht so viel, sagte Valgerd, seine Frau, unser Gast wird schon bald merken, was du für ein Windbeutel bist. Aber das eine sage ich dir: Wenn du ihn verrätst oder bei Gefahr davonläufst, wirst du meine Schlafkoje nicht mehr betreten. Du schätzt mich wieder völlig falsch ein, meine Liebe, sagte Björn, und damit zog er mit Kari davon.

Björn erfuhr, dass eine weitere Gruppe von achtzehn am Mordbrand Beteiligten in der Gegend von Skaptartunga unterwegs war. Kari beschloss, auch diese in einem günstigen Moment zu überfallen. Sie versteckten sich dort, und als sich die Gruppe teilte und die eine Hälfte davonritt, griffen Kari und Björn die andere an. Kari erschlug fünf Gegner, und Björn, der sich hinter ihm versteckt hielt, sprang gelegentlich aus der Deckung, verwundete einige der Feinde und rettete Kari dabei das Leben. Gunnars Sohn Grani wurde schwer verletzt, aber Kari wollte ihn nicht erschlagen. Die Übrigen flohen.

Noch ein weiteres Mal trafen Kari und Björn auf eine Gruppe der Mordbrenner, wieder erschlugen sie einige. Unterdessen hatte Flosi für sich und seine Leute ein Schiff gekauft und war aufgebrochen, um seine dreijährige Verbannungsstrafe anzutreten. Was auf Island zu tun war, ist getan, sagte Kari zu Björn, aber ich werde mit meinen Freunden sprechen und dafür sorgen, dass du für deine Hilfe belohnt wirst und vor Verfolgung sicher bist. Das ist gut, sagte Björn, aber es wäre außerdem nicht schlecht, wenn du mit meiner Frau reden könntest. Erzähl ihr ruhig, wie oft ich dir das Leben gerettet habe und dass du ohne mich verloren gewesen wärst. Das will ich tun, sagte Kari. Als sie wieder bei Valgerd waren, meinte Kari, ihr Mann hätte alles getan, was in seiner Macht stand, um ihm zu helfen. Valgerd behandelte Björn von diesem Tag an besser.

Flosi war inzwischen Gefolgsmann des Jarls von Hrossey auf

den Orkneys geworden. Eines Tages hielt der Jarl ein großes Gelage ab und fragte seine isländischen Gäste, wie genau der Mordbrand von Bergthorshval denn vor sich gegangen sei und wie sich Njáls Söhne dabei geschlagen hätten. Der einäugige Gunnar Lambisson führte nun das große Wort. Skarphedin, sagte er, hielt sich am Anfang ganz tapfer. Doch ich habe ihn durch die Flammen gesehen, kurz bevor er starb, und wahrhaftig, er heulte vor lauter Angst. In diesem Moment stürmte ein Wikinger mit gezogenem Schwert die Halle und schlug Gunnar Lambisson mit einem Schlag den Kopf ab, so dass der auf den Schoß des Jarls flog. Jetzt sahen alle, dass es Kari war, der übers Meer gekommen war und diesen Schlag geführt hatte. Ergreift ihn, rief der Jarl. Kari hatte aber einst in den Diensten des Jarls gestanden und war einer der beliebtesten Krieger gewesen. Daher rührte sich niemand, um ihn festzunehmen, obwohl der Jarl vor Wut schäumte. Auch Flosi bat für seinen Feind und sagte, dass es keinen Vergleich zwischen Kari und den am Mordbrand Beteiligten gebe und Kari daher berechtigt sei, Rache zu nehmen. Dann erzählte er, was wirklich an jenem Tag auf Bergthorshval geschehen war. Kari verließ den Raum, und niemand hielt ihn auf oder verfolgte ihn.

Fünfzehn von Flosis Gefährten kamen in einer Schlacht in Irland um. Einen sechzehnten erschlug Kari auf offener Straße.

XVI Flosi pilgerte nach Rom und kehrte nach Svinafell zurück, als die drei Jahre seiner Verbannung vorüber waren. Auch Kari unternahm eine Pilgerfahrt nach Rom. In dieser Zeit starb daheim auf Island seine Frau Helga, die Tochter Njáls.

Auf der Heimfahrt geriet Karis Schiff in einen Sturm und strandete an der isländischen Südküste ganz in der Nähe von Svinafell. Ein Schneesturm ging auf die Seeleute nieder, und Kari sah keine andere Möglichkeit, als bei Flosi anzuklopfen. Der nahm die Gestrandeten mit offenen Armen auf und bat Kari, sein Gast zu sein, solange er es wünsche. Er erwies ihm jede Ehre, und nachdem sie endlich einen Vergleich über den Tod von Njál und allen anderen geschlossenen hatten, heiratete Kari Flosis Nichte Hildigunn, die Witwe des Goden Höskuld, den er einst gemeinsam mit Skarphedin und dessen Brüdern erschlagen hatte.

Kari und Hildigunn bekamen drei Kinder. Ihren jüngsten Sohn nannten sie Flosi.

Glossar

Berserker waren Krieger, von denen berichtet wird, dass sie in der Schlacht in einen solchen Rausch gerieten, dass sie in ihre Schilde bissen, sich die Kleider vom Leib rissen und so bei ihren Gegnern Furcht und Schrecken hervorriefen. Entsprechend rühmlich war es, einen Berserker zu besiegen.

Goden nannte man die Häuptlinge in Island, von denen jeder für die Bewohner eines bestimmten Bezirks zuständig war und ihnen zu ihrem Recht verhelfen musste. Allerdings konnten die Isländer wählen, welchem Goden sie angehören wollten, so dass besonders beliebte Goden viele Gefolgsleute haben konnten und andere Goden wenige. Die Zahl der Goden, die auf dem Allthing für Gesetzgebung und die Auswahl der Richter zuständig waren, betrug 36.

Sagas sind Erzählungen, die im altnordischen Kulturkreis entstanden sind. Isländersagas berichten überwiegend von Personen, die in der Landnahmezeit, also im späten 9. und frühen 10. Jahrhundert, in Island lebten. Einige Sagas spannen den Bogen weiter und erzählen von Ereignissen aus mehreren Jahrhunderten.

Skyr ist ein noch heute in Island beliebtes Milchprodukt, vergleichbar mit Quark oder Joghurt.

Der **Thing** war eine regelmäßige Versammlung der Isländer entweder in den einzelnen Landesteilen oder als Allthing in der Schlucht von Thingvellir für alle Bewohner der Insel. Dabei wurden neue Gesetze erlassen und Recht gesprochen, wobei die Schilderungen in den Sagas zeigen, dass es nicht nur auf den Wortlaut der Gesetze ankam, sondern auch darauf, wer die meisten Anhänger auf den Thing mitbrachte.

Arthúr Bollason – Die Isländer und ihre Sagas

»Es ist kein Quatsch dabei«
Halldór Laxness

Als ich im Jahr 2000 die Leitung des »Saga-Zentrums« im Süden Islands übernahm, ahnte ich nicht, auf was für ein Abenteuer ich mich eingelassen hatte. Als Isländer war ich mir schon darüber im Klaren, dass die Njáls Saga bei meinen Landsleuten gewisse Popularität genoss.
Es war mir aber nicht bewusst, dass dieser mittelalterliche Text so beliebt war, wie es sich im Laufe der Zeit dann herausstellte.
Das Saga-Zentrum hatte die Aufgabe, die Njáls Saga, das Nationalepos der Isländer, mit verschiedenen Mitteln zu präsentieren. Eines davon war eine Ausstellung über die Saga und die Wikingerzeit. Sie war in einer stillgelegten Wollfabrik untergebracht, wo Besuchern mit Hilfe von Texten und Bildern der Inhalt der umfangreichen Saga nahegebracht wurde. Außerdem gab es Wegweiser zu Schauplätzen der Saga, die in unmittelbarer Nähe des Saga-Zentrums zu finden sind.

In den vier Jahren, in denen ich dieses Projekt leitete, lernte ich meine Landsleute von einer völlig neuen Seite kennen. Zu meinen Hauptaufgaben gehörte es, Gruppen von Isländern zu den Schauplätzen der Saga zu führen und ihnen vor Ort zu erläutern, was an diesen Plätzen geschehen sei.
Es stellte sich mit der Zeit heraus, dass die meisten Besucher die Saga, zumindest in groben Zügen, bereits kannten, unabhängig von

ihrer Bildung. Mir ist z. B. in Erinnerung geblieben, wie ich den isländischen Bäckerverein durch die Saga-Landschaft führte. Zu meinem Erstaunen stellte sich heraus, dass zahlreiche Mitglieder dieser edlen Zunft in der Saga bestens zuhause waren und unterwegs mit mir ein reges Gespräch über strittige Fragen der Entstehung und unterschiedlichen Textfassungen der Njáls Saga führten.

Dies erinnerte mich an die Worte des isländischen Nobelpreisträgers Halldór Laxness, der in einem Interview aus dem Jahre 1976 (übrigens auf Deutsch) auf die Frage nach der Popularität der mittelalterlichen Sagas unter den Isländern antwortete:
»Der gelehrteste Mann im Lande kann eben dieselbe Freude daran haben wie der einfache Bauer oder Fischermann; sozusagen gibt es keinen Klassenunterschied in der Saga, alle können es wirklich genießen.« Und später fügte Laxness hinzu: »Die Saga ist deshalb klassisch, weil jedermann im Lande kann diese Literatur genießen.«

Diese Worte des berühmten Autors kamen mir oft in den Sinn, als ich die verschiedensten Berufsgruppen zu den Schauplätzen der Njáls Saga oberhalb der Südküste Islands führte und auch diejenigen, die keine höhere Bildung genossen hatten, nicht weniger Interesse und Begeisterung für diese alte Literatur an den Tag legten als andere. Damit wurde mir immer klarer, wie recht Halldór Laxness gehabt hatte, wenn er diese alten Geschichten als »klassisch« im oben genannten Sinne bezeichnete.

Aber wenn er – wie die meisten Saga-Forscher vergangener Jahrzehnte – davon ausgegangen ist, dass es sich bei diesen im 13. und 14. Jahrhundert verfassten Geschichten um Romane oder Novellen handelt, fand er nicht nur Zustimmung.
Ganz im Gegenteil.
Auch mir ging es so. Ich war noch nicht lange vor Ort, als ein in der Region hochgeschätzter pensionierter Kreisverwalter losgeschickt

wurde, um mich darüber aufzuklären, dass meine Auffassung, die Saga sei in erster Linie ein hervorragender Roman, irrig sei.
Er forderte mich im Namen der Einheimischen nachdrücklich dazu auf, dieses unter den Gelehrten in der Hauptstadt Reykjavík verbreitete Missverständnis nicht naiv an die Besucher weiterzugeben. Der alte Mann erzählte mir, er habe in seinem langen Leben zahlreiche Reittouren unternommen, um zu überprüfen, wie gut sich der Autor in der Saga-Gegend ausgekannt habe.
Alle diese privaten Forschungsreisen hätten zu dem eindeutigen Ergebnis geführt, dass sich der Autor im Hinblick auf die Schauplätze, die in der Saga vorkommen, immer an die Wahrheit gehalten habe. Begegnungen zwischen Menschen in der Saga, Entfernungen zwischen einzelnen Schauplätzen, zeitliche Abstände zwischen den dort geschilderten Ereignissen – all dies sei erstaunlich genau und wahrheitsgetreu. Es gebe auch keinen Grund anzunehmen, dass es sich bei den Personen, die in der Saga vorkommen, sowie deren Beziehungen anders verhalte.
Dieser Glaube der Einheimischen an den Wahrheitsgehalt der Saga kam für mich als einen Zugereisten überraschend. Als Halldór Laxness 1946 einen bis heute tonangebenden Artikel über die historische und literarische Bedeutung der Isländersagas veröffentlichte, hob er hervor, wie wichtig diese Literatur für unsere Vorfahren in vergangenen Jahrhunderten, insbesondere jedoch in harten Zeiten, gewesen sei. Nach den Worten von Laxness waren die Sagas »in der Finsternis langer Jahrhunderte« die wichtigste Nahrung der Isländer – im wahrsten Sinne des Wortes.
»Dieses Geschenk«, so Laxness, »war der Lebensnerv des Volkes, sein Leben im Tode. Der Glaube an den Helden, der sich weder vor Wunden noch vor dem Tod fürchtet und sich nicht unterkriegen lässt, dieser Glaube war unser Leben.«
Laxness hebt auch hervor, dass die Isländer in den Zeiten, als sie wegen Hunger und Elend völlig ausgelaugt waren, aus den Sagas erfuhren, ihre Vorfahren seien Helden und mächtige Männer gewe-

sen. »Die Saga«, fügt er hinzu, »war unsere unbesiegbare Burg, und ihretwegen sind wir heute ein selbständiges Volk.«

Andererseits hebt Laxness in diesem programmatischen Artikel hervor, es sei kindisch, nicht zwischen historischer Wahrheit und großer Erzählkunst unterscheiden zu können. Es sei ein Zeichen des primitiven »barbarischen« Gehirns, sich von dem Zauber der magischen Erzählkunst so hinreißen zu lassen, dass man anfängt, den Inhalt solcher Erzählungen wie der Sagas mit historischer Wahrheit zu verwechseln.
Laxness war allerdings nicht der Erste, der den jahrhundertelangen Glauben der Isländer an die Wahrheit der Sagas infrage stellte. Das hatten einige Gelehrte bereits vor ihm getan. Aber er hat diese Ansicht auf eine vehemente und dichterische Weise vertreten, so dass sie – wie alles was er in dieser Zeit schrieb – auf große Aufmerksamkeit gestoßen ist.

Was die Isländer in vergangenen Jahrhunderten an den Sagas vor allem faszinierte, waren zum einen die Saga-Helden, die als Identifikationsfiguren dienten. So kann man sagen, dass Gunnar aus der Njáls Saga, oder Grettir und Egil aus den gleichnamigen Texten, bis in die jüngste Zeit in den Augen vieler Isländer eine Art ferne Verwandte waren. In unzähligen Gedichten aus vergangenen Jahrhunderten wurden diese Charaktere und ihre Heldentaten verewigt. Und nicht nur in vergangenen Jahrhunderten.
Als ich schon einige Jahre Leiter des Saga-Zentrums war, bekam ich einen Brief von einem Bauern im Norden Islands. Es handelte sich dabei um ein langes Gedicht, das der Bauer in seiner Freizeit verfasst hatte, über die Rolle des Helden Höskul, den der weise Njál an sich nahm und zum Goden machte, und der später wegen Eifersucht und übler Nachrede von Njáls Söhnen getötet wurde. Viele Jahre lang hatte sich der Bauer im Norden über diese Ereignisse Gedanken gemacht und seine Überlegungen in einem langen Gedicht festgehalten.

Solche lyrischen Auseinandersetzungen mit Personen aus den Sagas gibt es aus vergangenen Zeiten viele. Es scheint, als habe die Bevölkerung sich die Saga-Helden immer wieder in Erinnerung gerufen, wenn sie sich nach Naturkatastrophen, Hungersnöten oder anderen Schicksalsschlägen wieder Mut machen musste. Außerdem wird in diesen Gedichten immer wieder darauf hingewiesen, dass es eine Zeit in der Geschichte der Isländer gegeben habe, in der sie stolz und unabhängig waren – erst im 13. Jahrhundert kam das freie Island unter die langjährige koloniale Herrschaft, zunächst von Norwegen und anschließend von Dänemark.
Zweifellos haben die Sagas Menschen, die verstreut auf unwirtlichen Bauernhöfen ihr Dasein fristeten, manchen langen Winterabend verkürzt. In der großen Abgeschiedenheit und bei winterlicher Kälte haben sie sich an diesen Geschichten über ihre heldenhaften Vorfahren gewärmt. Somit waren die Sagas über längere Zeiträume für das Volk »der Lebensnerv« und »sein Leben im Tode«, um es mit Halldór Laxness zu sagen.

Die Sagas hinterließen ihre Spuren aber nicht nur im Bewusstsein der Isländer. Auch in die Straßenordnung der isländischen Hauptstadt fanden diese Geschichten aus dem Mittelalter ihren Eingang. Wer heute in Reykjavík durch das Stadtviertel Nordermoor läuft (in dem der gleichnamige Krimi von Arnaldur Indridason spielt), sollte auf die Straßennamen sowie auch auf die Anordnung der Straßen achten.
Durch das ganze Viertel zieht sich Gunnarsbraut (Gunnars Straße), genannt nach dem lichten Helden der Njáls Saga. Am Ende von Gunnarsbraut kann man in die Skarphedinsgata einbiegen, deren Name auf Njáls berühmten Sohn Skarphedin zurückgeht. Und in der Fortsetzung kann man wählen zwischen einer Straße, die den Namen Njáls oder den seiner Gattin Bergthora trägt.

Am anderen Ende des Viertels befinden sich Straßen, deren Namen aus der Laxardaela Saga (Geschichte der Leute aus dem Laxardal) stammen. Hier verläuft die Gudrunargata zwischen den beiden Straßen von Bolli und Kjartan, was an die unglückliche Dreiecksgeschichte in der Laxardaela Saga erinnert.

Die Anordnung dieser Straßennamen wurde in der früheren Hälfte des Jahrhunderts bestimmt, als die Isländer gerade dabei waren, sich von den Dänen zu lösen. In dem dafür zuständigen Komitee saß unter anderem der Literaturwissenschaftler Sigurdur Nordal, einer der bekanntesten Saga-Forscher des Landes. Im Unabhängigkeitskampf der Isländer kam den Sagas auch sonst noch in vielerlei Hinsicht eine bedeutende Rolle zu.

Und diese etwa 40 Geschichten, die im 13. und 14. Jahrhundert von anonymen Erzählern in verschiedenen Regionen Islands auf präparierte Kalbshäute geschrieben wurden und vom Leben der Isländer während der Sagazeit (930–1030) berichten, spielen im Alltag der Isländer heute noch eine vielfältige Rolle. Allein im Sprachgebrauch gibt es viele Redewendungen, die den Sagas entstammen. Wenn jemandem nicht gefällt, wie sein Freund von einem Dritten behandelt wird, greift er z. B. gerne zu Gunnars Worten aus der Njáls Saga, als man seinen Hund in der Nacht tötet: »Sárt ertu leikinn, Sámur fóstri« (»Übel geht man mit dir um, mein Freund Sam«).

Als Isländer lernt man die Sagas während der Schulzeit zunächst als spannende Lektüre kennen. Wenn man aufwächst, lernt man sie als große Erzählkunst schätzen. Und, um ein Wort des großen Autors Halldór Laxness zu zitieren, als älterer Mann liest man die Sagas »wegen der Weisheit drin«.

arbeitet für die Frankfurter Allgemeine Zeitung. Er ist Herausgeber mehrerer Anthologien und Autor zahlreicher Bücher, u. a. »Gralswunder und Drachentraum« (Die Andere Bibliothek), »Königskinder. Herzbrechende Liebesgeschichten«.

ist freie Illustratorin mit wachsendem Ruhm. Sie gibt dem Feuilleton der FAS wöchentlich die optische Prägung, zahlreiche von ihr illustrierte Bücher erlangten Kultstatus (u. a. »Die Nixen von Estland« und Haruki Murakamis »Schlaf«).

Für die Nacherzählung der hier verhandelten Isländersagas wurden die entsprechenden Bände der »Sammlung Thule« (München 1911 bis 1930) ebenso dankbar benutzt wie die der Reihe »Saga« (München 1996 ff.) sowie die zweibändige Ausgabe von Rolf Hellers »Isländersagas« (Leipzig 1982). Mein Dank gilt ferner Nadia Budde und Felicitas Hoppe für Lektüre und Zuspruch sowie meiner Familie für maßlose Geduld. T. S.

Vielen Dank an Sascha Moser, Burkhard Neie und Steffen Trodler. K. M.

Und an Wolfgang Hörner. T. S. und K. M.

»Der Mordbrand von Örnolfsdalur und andere Isländer-Sagas« ist auch als auf 500 Exemplare limitierte Vorzugsausgabe erhältlich.
Die limitierte Vorzugsausgabe ist in Leinen gebunden und mit einem Lesebändchen versehen und wird im gestanzten Schuber ausgeliefert. Extra für die Vorzugsausgabe hat Kat Menschik ein zusätzliches Motiv entworfen, das als auf Büttenpapier handgedruckter, signierter Siebdruck der limitierten Ausgabe beiliegt.

Zudem werden elf der in diesem Buch enthaltenen Bildmotive als großformatige Originalgrafiken aufgelegt. Die auf 40 Exemplare limitierte, nummerierte und handsignierte Künstleredition wird im Format 58 x 78 cm im Siebdruckverfahren drei- bzw. vierfarbig auf Büttenpapier von Hand gedruckt.
Nähere Informationen auf www.galiani.de
oder bei www.edition-trodler.de

MIX
Papier aus verantwortungsvollen Quellen
FSC® C014496

4. Auflage 2021

Verlag Galiani Berlin

Umschlaggestaltung: Kat Menschik
Umschlagmotiv: © Kat Menschik
Idee und Lektorat: Wolfgang Hörner
Gesetzt aus der Caxton und Interstate
Satz: Buch-Werkstatt GmbH, Bad Aibling
Druck und Bindung: GGP Media GmbH, Pößneck
ISBN: 978-3-86971-046-4

Weitere Informationen zu unserem Programm finden Sie unter www.galiani.de

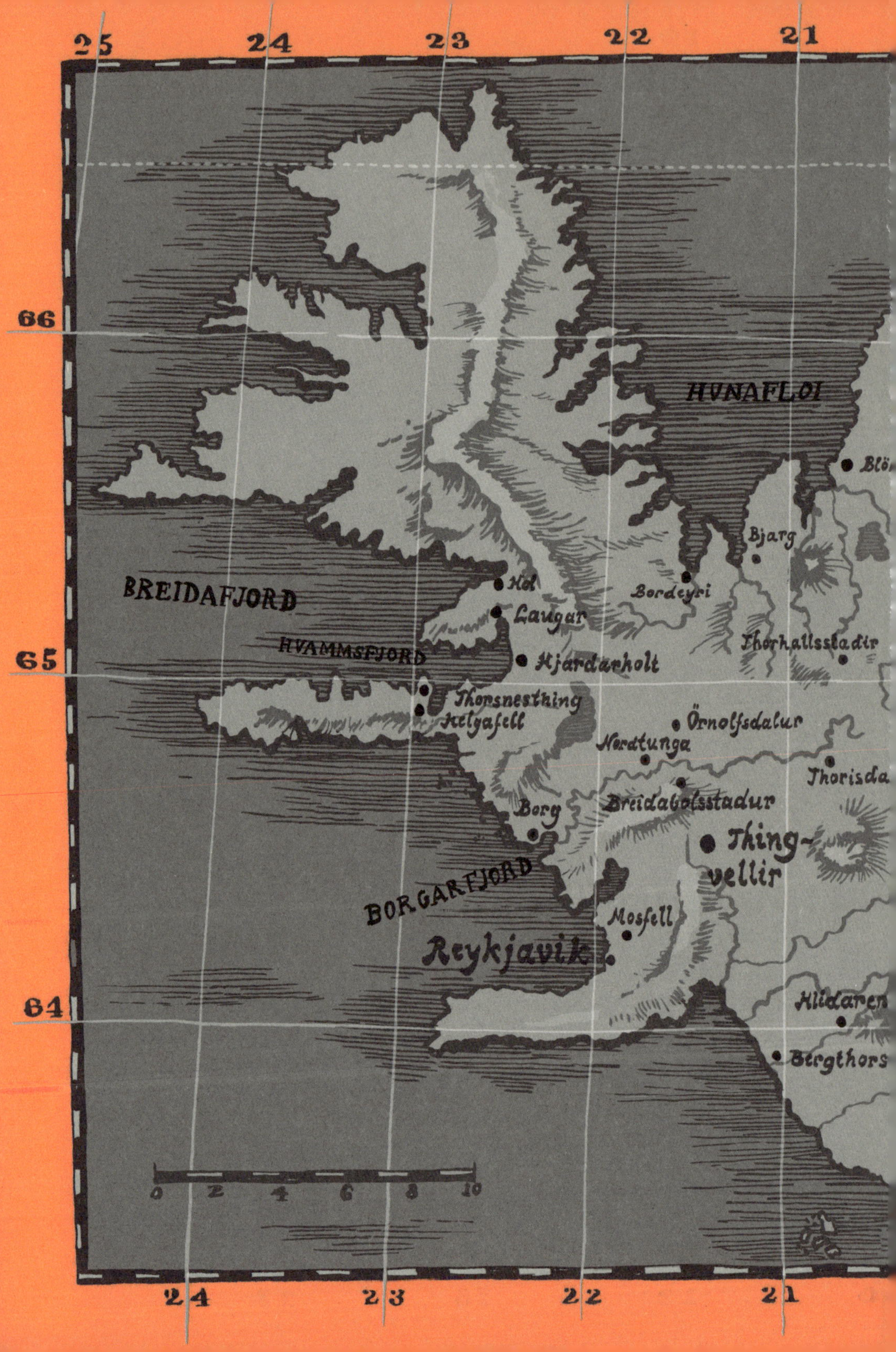
25
24
23
22
21
66
65
64
HVNAFLOI
Blö
Bjarg
BREIDAFJORD
Hol
Bordeyri
Laugar
Thorhallsstadir
HVAMMSFJORD
Hjardarholt
Thorsnesthing
Helgafell
Örnolfsdalur
Nordtunga
Thorisda
Breidabolsstadur
Borg
Thing-
vellir
BORGARFJORD
Mosfell
Reykjavik
Hlidaren
Bergthors
0 2 4 6 8 10
24
23
22
21